U0614003

启航：

大学生就业创业典范

张　莉　朱晓卓　著

中国海洋大学出版社

·青岛·

图书在版编目（CIP）数据

启航：大学生就业创业典范 / 张莉，朱晓卓著．
青岛：中国海洋大学出版社，2024. 7. -- ISBN 978-7
-5670-3938-4

Ⅰ. G647.38
中国国家版本馆 CIP 数据核字第 2024DW9402 号

启航：大学生就业创业典范

QIHANG：DAXUESHENG JIUYE CHUANGYE DIANFAN

出版发行	中国海洋大学出版社		
社　　址	青岛市香港东路 23 号	**邮政编码**	266071
网　　址	http:// pub. ouc. edu. cn		
出 版 人	刘文菁		
责任编辑	由元春	**电　　话**	15092283771
电子邮箱	502169838@qq. com		
印　　制	青岛中苑金融安全印刷有限公司		
版　　次	2024 年 7 月第 1 版		
印　　次	2024 年 7 月第 1 次印刷		
成品尺寸	170 mm×240 mm		
印　　张	10.25		
字　　数	190 千		
印　　数	1~1000		
定　　价	69.00 元		

发现印装质量问题，请致电 0532-85662115，由印厂负责调换。

前　言

当今社会，随着全球经济的快速发展与日新月异的技术更新，大学生就业与创业问题已成了社会各界关注的焦点。面对日益激烈的就业竞争和不断变化的市场需求，如何有效提高大学生的就业竞争力、培养他们的创业精神，成了高等教育领域亟待解决的重要课题。本书正是基于这一背景，深入探讨了大学生就业创业教育的内涵、意义等，并提出了一系列改革创新策略，同时辅以丰富的典型案例，以期为相关领域的研究与实践提供有价值的参考。

本书共分为两大板块：理论探讨与实践示范，第一章和第二章为理论探讨部分，第三、四、五、六章为实践示范部分。在理论探讨部分，首先对大学生就业创业教育的概念、发展历程、内涵、价值进行了全面梳理。随后，针对这些问题，提出了一系列改革创新策略，包括优化课程体系、强化实践教学、提升师资力量、营造创新氛围等方面，旨在为大学生就业创业教育的发展提供新的思路和方法。在实践示范部分，笔者精心挑选了多个在卫生健康领域具有代表性的大学生就业及创业项目案例进行深入剖析。这些案例涵盖了不同方向、不同层次的实践探索，既有成功的经验分享，也有失败的教训总结。通过这些案例的展示与分析，可以让读者更加直观地了解大学生就业创业教育的实际效果与潜在价值，同时也为其他高校和创业者提供可借鉴的经验和启示。

本书的研究意义在于，它探索了大学生就业创业教育的系统框架，力求在一定程度上弥补该领域研究上的不足，并为相关领域的研究与实践提供新的视角和思路。未来，我们期待本书的研究成果能够引起更多学者和从业者的关注与讨论，共同推动大学生就业创业教育的深入发展与创新实践。

目 录

第一章 大学生就业创业教育概述

在深入探讨大学生就业创业教育的过程中，我们需要先了解其基本概念、理论基础以及核心理念。本章的论述，以时代发展的连续性为背景，综合多维度的分析视角，从大学生就业创业教育的基本概念出发，随后逐步深入，探讨其理论基础和核心理念。

为了深化对大学生就业创业教育的理解，本书从三个维度出发：就业、创业以及就业与创业的统一，对大学生就业教育、大学生创业教育以及大学生就业创业教育这三个核心概念进行了全面且统一的界定。

通过这一界定过程，我们可以厘清这三个概念之间的辩证统一关系。它们既在某些方面存在交叉，又各自保持独特；它们之间既有明显的区别，又紧密相连，相互依存。这样的界定不仅有助于我们深入理解每个概念的独特性和内涵，还能够更好地把握它们的定位和作用。

第一节 大学生就业教育

一、就业的概念

就业，由"就"和"业"组合而成。"就"字含有"到""开始做某事"之意，"业"字本意是指古代乐器横木上的板子，上面刻有锯齿，以悬挂乐器，后来引申为学业、事业、职业、行业和工作等。

我国"就业"概念的演进是持续深化与拓展的历程。古时，"就业"一词往往与学术追求紧密相连，如《吕氏春秋》所述，它指的是深入钻研学问的状态，强调学问之精进与勤勉。在《大戴礼记·曾子立事》中有"日旦就业，夕而自省思"之句，"就业"则蕴含了日常学习的自律与反思，侧重于学习活动的持续性。时至近代，随着社会经济的转型，"就业"一词逐渐成为经济学与法律范畴内的关键术语，专指个体在特定年龄段内，通过参与社会经济活动以获取合法劳动报酬或经营收入的行为。1988 年，《大百科全书·经济学》正式确认了"劳动就业"的概念，指"劳动者同生产的物质条件相结合，为社会创造物质财富或提供劳务，并取得劳动报酬或经营收入"。此前，我国长期侧重于"劳动"这一更宽泛的表述，由此，"就业"概念逐渐明确化。1995 年，我国劳动部与国家统计局进一步细化了"就业"的定义，不仅涵盖了获取报酬的经济活动，还特别指出再就业人员这一范畴，同时排除了在读学生参与的经济活动。进入 21 世纪，国家劳动和社会保障部在 2003 年对就业进行了界定，其严格限定了年龄范围（男 16～60 岁，女 16～55 岁），并强调劳动报酬或经营收入的合法性，进一步规范了就业的内涵。如今，"就业"概念的边界已跨越传统范畴。从就业行为视角来看，它被视为具有劳动需求、能力和愿望的个体，在社会中寻求并实现劳动价值的过程，强调了个体的主观能动性和社会互动性。在就业权利的层面，它关乎具有劳动能力的公民依法享有获得有酬职业的权利，体现了法律对劳动者权益的保障。而从社会劳动的视角出发，就业则被看作是社会生产体系中每个人为实现自我发展与社会进步所从事的有偿劳动，凸显了就业的社会价值与意义。

在国际上，"就业"普遍采用"受雇"（Employment）这一概念。1982 年，国际劳工组织于第 13 届国际劳工统计大会上首次明确了其定义，将"就业"界定为在特定时期内，通过从事任何形式的工作以换取薪酬、利润或其他实物报酬的活动。自此以后，尽管各国对"就业"的具体表述与边界划分存在细微差异，但大体上均与国际劳工组织的定义保持一致。例如，在美国，"就业"被阐述为具有劳动能力并愿意工作的个体所从事的、能获取报酬或经营收入的活动；强调就业人口包括年满 16 岁及以上，为获取报酬或经营收入而工作的人群，以及因非自愿原因（如伤病、劳动纠纷）暂时未工作但有职位的个体。在俄罗斯，"就业"则被定义为公民为满足个人与社会需求，在不违反法律的前提下，从事能带来工资或劳动收入的活动。俄罗斯的界定还明确了"就业公民"的范畴，包括签订劳动合同（契约）的全职与非全职工作者，以及从事工商业活动的个体等。

在全球范围内，"就业"作为一个核心概念，已被普遍认可并应用。尽管学界对"就业"的基本内核持有普遍共识，但其实际含义和应用在不同国家的特定环境与行业背景下却展现出多样化的特点。各国基于自身国情、法律体系及经济模式，对"就业"的具体阐释与实际操作策略各具特色，从而形成了丰富多彩的应用图景。这种差异性不仅体现了各国对劳动力市场的独特理解，也反映了全球化背景下就业问题的复杂性和多元性。

在我国，"就业"可被定义为"在符合法定年龄且具有劳动能力和愿望的个体，通过参与合法的经济活动，提供商品或服务以满足社会需求，并因此获得劳动报酬或经营收入的过程"。其具体包括三大关键要素：首先，符合法定年龄的自然人，指根据国家或地区的法律规定，个体达到可以参与劳动的年龄，通常是在成年之后，且个体不仅具备从事劳动所需的身体、技能和知识，而且也有意愿参与劳动。其次，合法的经济活动。这是指个体所从事的工作或业务要符合法律规定，且其产品或服务能够满足社会的某种需求。最后，获得劳动报酬或经营收入。这是就业的直接经济结果，也是个体参与劳动的主要动机之一。无论是工资、奖金还是其他形式的报酬或收入，都构成了就业的收益部分。只有同时满足以上三个条件，个体才实现了就业。

二、就业的类型

自从我国实施双向选择、自主择业的就业政策以来，大学生的就业道路逐渐拓宽，呈现出多元化的趋势。这一变化不仅涵盖了传统的定向就业方式，还涌现出自主就业、留学与出国就业以及参加公务员或事业单位公开招聘考试等多种就业类型和路径。这些就业方式和类型为大学生提供了更多的选择和机会，使他们能够根据自身兴趣、专业背景和个人发展规划，选择最适合自己的就业道路。

（1）定向就业。定向就业政策旨在支持边远地区、少数民族地区和艰苦行业，确保这些地区和行业能够吸引并留住一定数量的高素质毕业生。为了实现这一目标，普通高校根据国家招生计划，设立了一定比例的"定向就业"招生计划。考生可以根据个人意愿自愿填报这些定向就业招生志愿，一旦被录取，即按照政策规定成为定向生。定向就业招生主要依据考生的个人定向志愿，考生无需直接与定向单位联系或签订协议。他们填报的定向志愿即视为对定向单位就业意愿的确认，而定向单位则只需与委托培养的高校签订协议，以明确双方的权利和义务。目前，我国的定向就业招生主要分为两种：国防定向就业招生和普通定向就业招生。这两种方式均为促进人才均衡分布和满足特定行业的人才需求提供了有效的途径。

（2）自主就业。在当前的我国就业市场中，供需见面和双向选择已成为大学毕业生择业的主要方式，同时也是毕业生就业的核心渠道。每年，中央相关部委、地方各级毕业生就业主管部门以及各高校都会组织举办用人单位与毕业生的供需见面会。在这些活动中，毕业生与用人单位通过相互选择，达成就业意向后，会签订毕业生就业协议书，这份协议将成为制订就业计划和派遣毕业生的重要依据。除了供需见面会，毕业生还有多种途径进行自主择业。他们可以前往人才市场，通过合法且专业的中介公司，寻找合适的用人单位；也可以直接参加用人单位的招聘活动，通过面试等环节争取就业机会。此外，毕业生还可以采取自荐的方式，主动联系心仪的用人单位，展示自己的才华和潜力，争取工作机会。这些多元化的就业途径为毕业生提供了更多的选择和机会，有助于他们实现个人职业规划和发展目标。

（3）自主创业。自主创业是指大学毕业生在毕业后不选择传统的求职方式，而是凭借自己的专业知识和技能，自主发起创业活动。这些毕业生通过科技创新、社会服务或利用个人专长，独立或与他人合作创办公司，从而开辟了一条全新的就业道路。自主创业不仅为大学毕业生提供了个性化的职业发展机会，也作为一种新兴的就业模式，对毕业生的知识深度、创新能力、团队协作以及综合素质等方面提出了更高的要求。这种创业精神不仅展现了大学毕业生的自我价值，也为社会经济的发展注入了新的活力。

大学毕业生自主创业不仅能够有效解决自身的就业问题，还能为社会创造更多的就业机会和岗位，促进经济发展。党和国家高度重视大学毕业生的就业问题，积极鼓励并大力支持他们进行自主创业，视其为实现毕业生顺利就业的重要途径。

（4）升学、留学与出国就业。升学是大学毕业生追求学术深造和职业发展的重要途径。通过参加这些考试，毕业生可以进一步提升自己的学历层次，增加知识储备，从而在职场中具备更强的竞争力。大学毕业生在选择升学时，必须充分考虑自身特点、心态和定位。每个人的情况都是独一无二的，因此，关键是要结合个人的实际情况，做出最适合自己的选择。这样的选择不仅能够促进个人的学术发展，还能够为未来的职业发展奠定坚实的基础。

随着我国改革开放的不断深化和经济全球化的推进，有条件的毕业生也有了更多的出国深造和职业发展机会。出国留学成为他们拓宽视野、提升能力的重要途径，包括公费留学、自费公派以及自费留学等多种方式。同时，越来越多的毕业生也选择到境外机构工作，积极参与国际人才竞争，寻求更广阔的发展空间。

（5）公务员或事业单位公开招聘。我国国家机关及党群组织为了高效选拔和补充优秀的工作人员，实行了一套完善的公务员制度。为了满足这些机构的人才需求，国家每年都会面向应届及往届毕业生开展公务员招考活动。这一举措不仅为众多毕业生提供了稳定的职业选择，也成了他们实现就业的重要途径之一。

此外，为了鼓励优秀青年人才深入基层、服务农村，国家及地方政府还设立了多项志愿者项目，如"西部计划""三支一扶"等。这些项目旨在引导大学毕业生将所学知识应用到实际工作中，不仅能够实现其个人价值，也能为国家基层建设做出积极贡献。

（6）参军入伍。中国人民解放军作为捍卫国家主权、保证安全和发展利益的坚强柱石，一直致力于加强国防和军队的现代化、信息化建设。为了满足军队对于高素质专业人才的需求，相关部门会根据国家和军队的相关政策规定，适时从地方普通高校毕业生中选拔并招收所需的专业人才入伍。这些被选拔出来的优秀人才，除了享有普通入伍人员所拥有的优先报名应征、优先体检政审、优先审批定兵等优待政策外，还将享受一系列优惠和优待。首先，他们在选拔任用上会被优先考虑，为他们的职业发展和个人成长提供更为广阔的舞台；其次，他们在考试升学方面也会获得优惠政策，如专升本、考研加分等，为他们继续深造和提升自我能力提供便利；最后，为了减轻他们的经济负担，国家还会根据情况对他们进行不同程度的帮扶。

高校应届毕业生参军入伍，不仅是对国防事业的贡献，也是他们实现自我价值、锻炼意志、提升能力的重要途径。这种新的就业类型，不仅为大学毕业生提供了更多的职业选择，也为军队注入了新鲜血液，提高了军队的整体素质。

（7）灵活就业。灵活就业作为一种独特的就业形式，与传统的大学毕业生与用人单位之间建立的稳定的劳动法律关系截然不同，其倾向于那些寻求高度灵活性和自主性的个体提供就业机会。典型的灵活就业群体包括自由撰稿人、翻译工作者、网络主播等。灵活就业作为一种新兴的就业形式，以其独特的灵活性、自由度和广泛的适用性，为那些追求自主性和创新性的个体提供了更多的就业机会和发展空间。

三、就业的意义

就业作为民生之基石，是经济社会繁荣稳定与人民生活水平稳步提升不可或缺的动力。它不仅是劳动者赖以谋生的基本途径，更是个人融入社会大家庭、为家庭带来美好未来的重要桥梁。就业的重要性不言而喻，它关乎每个人的生存与发展，是实现社会和谐与个人价值实现的关键所在。因此，就业的意义有以下几个方面。

（1）个人经济独立与自我价值实现。就业为个人提供了经济独立的途径，使个人能够依靠自己的劳动成果维持生计，不再依赖他人。同时，就业为个人提供了展现自我、实现价值的平台，通过不断学习和成长，个人可以在职业上取得成就，实现自我价值。

（2）家庭稳定与生活质量提升。就业为家庭带来稳定的经济收入，保障了家庭成员的基本生活需求，提升了家庭的生活质量，从而为家庭带来更多的安全感，减少了因经济压力带来的家庭矛盾和冲突。

（3）社会经济发展与稳定。就业是经济发展的重要驱动力，大量的劳动力投入生产和服务领域，促进了社会经济的增长，减少了社会不稳定因素，有利于社会的和谐稳定。

（4）技能提升与人才培养。在就业过程中，个人需要不断提升自己的技能，以适应不断变化的市场需求，为未来的职业发展打下坚实的基础，这有助于人才的培养和储备。

（5）社会贡献与责任担当。稳定的就业能够使个人更好地履行社会责任，无论是通过生产商品还是提供服务，都能为社会的发展做出应有的贡献，从而赢得社会的尊重，获取相应的社会地位。

（6）促进创新与社会进步。就业鼓励个人发挥创新精神，通过不断地探索和实践，推动技术和产品的创新，促进社会的进步。多元化的就业渠道和灵活的就业形式有助于激发社会的创造力和活力，推动社会的持续发展。

四、大学生就业教育

虽然就业教育这一课题在世界各国的称谓和具体内容略有差异，但核心目标和实质是相通的。在美国，它通常被称为"生涯教育"，强调对个人职业生涯的全方位规划和指导；在日本，它则被称为"出路教育"，侧重于为学生提供多样化的职业出路选择和引导；在我国，我们习惯称之为"就业指导"，旨在帮助学生了解就业市场、规划职业生涯，并提供相关的职业指导和帮助。尽管称谓和具体内容可能因地域和文化背景的差异而有所不同，但它们都致力于帮助个体认识自我、了解职业世界，并做出正确的职业选择。

就业教育经历了一个不断演进和丰富的历程。起初，就业教育主要关注的是为学生提供基础的职业技能培训，帮助他们掌握进入职场所需的基本知识和技能。这一时期的就业教育以实用为导向，注重技能的传授和实践能力的培养。随着时间的推移，人们逐渐认识到，单纯的技能培训并不能完全满足学生未来职业发展的需求。因此，就业教育的概念开始逐渐扩展，引入了职业规划和职业发展的理念。教育者开始关注学生的兴趣和潜能，帮助他们认识自我、了解职业世界，并制订个性化的职业发展规划。进入20世纪，随着经济的发展和科技的进步，就业市场发生了巨大的变化。新的职业不断涌现，传统的职业也在逐渐消失。为了适应这种变化，就业教育开始强调培养学生具备除专业技能之外的诸多能力，如良好的沟通能力、团队协作能力、创新能力和解决问题的能力，并引入了一系列的教育方法和工具，如案例分析、角色扮演、团队合作。进入 21 世纪，全球化、信息化和网络化的发展使得就业市场变得更加复杂和多变。针对学生所面对的激烈竞争，就业教育进一步扩展了其内涵，注重培养学生的国际视野和跨文化沟通能力。同时，随着创业浪潮的兴起，就业教育也开始关注学生的创业精神和创新能力，为他们提供创业指导和支持。此外，随着科技的发展，就业教育也开始利用先进的技术手段来提高教学效果。例如，利用大数据和人工智能技术来分析学生的就业需求和趋势，为他们提供个性化的职业规划和指导；利用在线教育和远程教育平台来拓展教学资源，使更多的学生受益。

大学生就业教育是以学会就业、实现职业发展以及生涯成长为目标，以就业观念引导、就业知识学习和就业能力培养为主要内容，以职业与个体的匹配性、知识与技能的复合性、社会生存的适应性为突出特征，以全体大学生为教育对象的一种教育实践活动。以下是关于大学生就业教育的详细阐述。

（1）教育性质。大学生就业教育是一项独特的、专注于个体全方位发展的教育实践活动。它不仅突破了传统的知识传授方式的局限，也超越了简单的就业前技能培训框架，转而聚焦于个体与职业岗位的精准对接、综合知识技能的深度融合，以及在社会环境中生存与成长的适应能力。这种教育，既是响应社会需求的适应性培育，也是推动学生职业生涯稳步前行的职业导向教育，更是以学生为中心，旨在促进其综合素质全面提升的成长性教育。通过这样的教育体系，大学生不仅能够更好地适应未来的职场，还能在职业道路上实现个人潜能的最大化，达到全面而持续的发展。

（2）教育目标。大学生就业教育的精髓在于赋能学生，不仅要助力他们成功踏入职场，而且要保证其职业生涯的长远发展与个人成长的持续深化。此目标超越了单纯求职的层面，着重于引导学生依据个人兴趣与潜能，明智地选择职业道路，同时在职场中保持学习热情，不断精进自我，从而逐步实现个人愿景与长远规划。这一过程，是大学生从校园迈向社会的重要桥梁，也是他们实现自我价值与社会贡献的关键路径。

（3）教育内容。为实现上述教育目标，大学生就业教育应涵盖以下几个方面：一是就业观念引导，帮助学生树立正确的就业观念，了解就业市场的形势和趋势，培养学生的就业意识和就业责任感；二是就业知识学习，向学生传授与就业相关的知识和技能，包括求职技巧、面试技巧、职业规划、职业素养等方面的知识；三是就业能力培养，通过实践教学、案例分析等方式，培养学

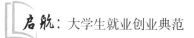

生的实践能力和解决问题的能力，提高他们的综合素质和竞争力。

第二节　大学生创业教育

一、创业的概念

"创业"这个词由"创"和"业"两部分组成，每部分都有其独特的含义。"创"字在这里主要有"开拓"和"前所未有"的意味，它强调的是一种创新、创造的精神，是打破常规、突破旧有框架的勇气和行动。在创业过程中，这种"创"的精神是不可或缺的，因为只有不断创新，才能在竞争激烈的市场中立足，才能为企业的发展开辟新的道路；而"业"字则包含了事业、行业等含义。在"创业"这个词中，"业"指的是创业者所从事的具体工作或行业。创业者需要在这个行业中找到自己的定位，建立起自己的事业，并通过不断的努力和创新，让自己的事业不断发展壮大。创业者需要不断开拓新的领域，寻找新的机会，才能在激烈的市场竞争中立于不败之地。

创业是一个全面且复杂的历程，它涉及资源的高效整合（涵盖理念、资金、技能等多个维度）以及对市场机遇的敏锐识别与有效利用，旨在创造并提升经济价值与社会贡献。创业活动不仅体现了勇于探索的进取精神，更代表了一种创新性的思维模式与积极向上的生活哲学，它超越了简单的经济行为这一范畴，成为个人成长与社会进步的强大驱动力。首先，创业的实质远不止一种职业选择，它还是一种生活哲学和人生态度，代表着一种勇于探索、不断创新的精神。创业并不局限于单一的企业创办行为，它还是一个以创业理念为导向，开创个人事业、指导职业生涯发展的过程。从这个意义上来说，每个人都可以成为创业者，无论何时何地，只要有创新的想法和行动，都能实现创业的想法。其次，创业的形式多样且丰富。除了传统的创办企业外，还包括在新的领域创造职业机会、为市场提供新的就业岗位以及在工作岗位上拓展新的工作内容和内涵。这种多元化的创业形式表明，其并非只适用于初创企业，职场人士同样可以通过创新性的工作方式来体现创业精神。最后，创业的核心在于创造新的价值。这不仅仅是经济价值的创造，更是社会价值和文化价值的创新。创业不是简单的复制或延续，而是通过重新组合现有资源，发现新的机会，并将其转化为实际的行动和成果。只有创造出新的价值，创业活动才能持续推动个人发展和社会进步。如果创业不能产生新的价值，那么它也就失去了存在的意义。

二、创业的要素

在创业领域，关于创业要素的分类存在多种观点。虽然各种分类方法略有不同，但它们都试图捕捉创业成功的关键要素。其中，杰弗里·蒂蒙斯的三要素说（即蒂蒙斯模型）被广泛接受和认可，因为它简洁而全面地概括了创业的核心要素，即创业机会、创业资源以及创业团队。蒂蒙斯认为，创业机会是创业过程的起点和核心驱动力，创业资源是创业成功的必要保证，创始者及其团队是创业过程的主导者，三者缺一不可。

（1）创业机会。创业机会，通常被理解为潜在的、有发展潜力的商业机遇。蒂蒙斯强调，创业过程的核心在于发现并把握这些商机。在创业过程中，启动新企业的关键并非资金或团队规模，而是能否准确识别并把握住一个具有潜力的商机。值得注意的是，并非所有看似创新的思路都能转化为实际的商业行为。事实上，在众多提交给投资者的商业计划或创业建议中，仅有极少数能够最终获得投资。在初步筛选阶段，大部分计划甚至还没有得到详细审查就被淘汰了，而在深入阅读商业计划书后，仍有部分建议被否决。这凸显了快速识别并评估商机的重要性。成功的创业者往往需要投入大量时间和精力去寻找那些具有发展潜力的商机，而这些商机往往隐藏在无数的计划之中。因此，学会有效地识别和利用商机，对于创业成功至关重要。

（2）创业资源。创业资源作为基石性的特定资产，起着不可或缺的作用，支撑着企业的创立与稳健运营。这些资源核心包括人才资本、财务支持、技术创新与管理效能等关键领域。创业的本质，是一场持续的资源构建、优化配置与扩张的征途。面对初创期的资源瓶颈，如人才短缺、资金瓶颈及管理经验的欠缺，卓越的创业者能够展现出非凡的创造力，巧妙地利用有限的资源，特别是那些能放大企业竞争优势、对增长有持续驱动力的宝贵资源。他们不仅能够深入挖掘个人特质，如创业激情、社交网络等内部资源，还展现出高度的外向性，如积极寻觅并整合外部的战略性资源，为企业的长远发展奠定坚实基础。

（3）创业团队。创业团队在新创企业的成功中扮演着举足轻重的角色，是有效识别商业和有效利用资源的核心力量。如果没有创业者及其团队的积极投入和不懈努力，创业活动将难以启动并取得成功。目前的统计数据呈现了一个显著的趋势：多数成功的新创企业背后都有一个或多个创始人团队。对于风险投资人而言，他们深知创业团队的价值和潜在风险。由于风险投资人通常不直接参与公司管理，也鲜少参与日常运营，因此他们格外重视创业团队的能力和素质。在风险投资人看来，创业团队是降低投资风险、实现投资回报的关键因素。因此，他们会在投资前对创业团队进行深入的评估和考察，以确保团队具备实现创业目标所需的能力和潜力。

蒂蒙斯的创业模型强调了创业过程的动态性，它涉及创业机会、资源和团队三个核心要素的相互交织与协同发展。随着创业进程的推进，这三个要素会进行动态调整，以实现彼此之间的平衡。创业现象的本质，即创业者如何巧妙地将机会、自身能力和资源三者有效链接。缺乏机会，创业活动将失去方向，难以产生实际价值；没有创业者敏锐的洞察力和执行力，机会将难以被发掘和把握，创业活动便无从谈起；而缺乏资源的支持，创业过程将缺乏必要的生产要素，难以持续发展。因此，创业成功的关键在于如何巧妙地平衡和整合这三个要素。

三、创业的价值

创业不仅是经济发展的核心驱动力，更是社会就业的重要增长点，同时，它也是科技创新的强劲引擎。在当今知识爆炸的时代背景下，创业浪潮正席卷全球，深刻重构着经济版图。这股力量依托创新与创业的迅猛势头，不仅加速了产业结构的精细化转型与升级，还极大地丰富了市场生态，促进了多元经济的蓬勃发展。对于身处这一变革浪潮中的大学生群体而言，投身于创业实践不仅能实现个人梦想，还具有深远的社会意义。

（1）缓解就业压力。近年来，随着全国高校毕业生人数的持续攀升，就业市场的竞争愈发激烈。在这样的背景下，大学生自主创业成了一种解决就业问题的有效途径。自主创业对于大学生而言，不仅是实现个人梦想与自我价值的重要途径，更是提升经济活力、增加就业机会的重要力量。纵观全球，自主创业已经催生出许多高科技企业和经济奇迹，如谷歌、惠普，它们不仅推动了科技创新，还为所在国家创造了巨大的经济和社会价值。然而，在我国，尽管大学生创业的潜力巨大，但实际参与创业的大学生比例仍然偏低。为了激发大学生的创业热情，优化就业结构，国家已将"鼓励和支持高校毕业生自主创业"列为解决当前就业难题的重要途径之一。提高大学生的创业比例，不仅有助于减轻社会就业压力，还能推动社会资源的合理配置。大学生创业活动不仅能够创造新的经济价值，还能激发创新精神，促进产业升级和经济社会的全面发展。

（2）实现自我价值。当前，大学生创业被普遍认可，其内在驱动力源于对自我价值的追求。大学毕业生选择自主创业，实质上是在探索个人兴趣与职业发展的深度融合之路，力求在广阔的职业领域中，找到与自己个性特质、兴趣偏好及能力优势高度匹配的创业方向。通过这种方式，他们可以尽情施展才华，通过不懈的努力，探索出一条成功的道路，并最终实现个人理想。随着知识经济的崛起和高新技术的飞速发展，社会对创业人才的需求日益迫切。大学生只有敢于创业，善于创业，才能紧跟时代的步伐，成为这个时代的佼佼者。

（3）培养创新精神。创新是经济持续发展的永恒动力。青年大学生作为社会中最富有活力和创造力的群体，应敢于突破传统思维，积极探索新思路。创业的本质即是创新，它不仅鼓励大学生主动展现自身的主动性、积极性和创新性，更为其在职业道路的探索上奠定了坚实基础。自主创业能够激活大学生的创新思维与意识，面对复杂多变的市场环境，展现出卓越的资源整合能力，巧妙地将各种要素融合，创造出满足市场需求、独具魅力的价值产品，从而开辟一片属于自己的事业新天地，进而实现个人价值的飞跃。

（4）促进长远发展。创业之路虽布满荆棘与挑战，但积极倡导并激励大学生创业，可以锤炼其综合素养与能力。这一过程给了大学生珍贵的实战舞台，使他们能直面挑战，拓宽人生道路，实现自我超越。创业的经验不仅锻炼了他们解决问题的能力，更锻造了他们坚韧不拔的性格。创业的经历将成为大学生未来职业生涯中一笔宝贵的财富，引领他们自信地迈向未来的职业道路。

四、大学生创业教育

我国大学生创业教育概念的提出和发展是基于高等教育改革、提升人才培养质量的深刻背景。2002 年，在教育部组织召开的全国普通高等学校创业教育试点工作座谈会上，首次在高等教育领域提出"创业教育"的理念，"创业教育是一种理念，这种理念要贯穿于高等教育的课堂教学及课外活动，主要是通过课程体系、教学内容、教学方法的改革，以及第二课堂活动的开展，不断提高学生的综合素质，增强学生的创新意识、创造精神和创业能力。同时强调通过开设课程、资助资金、提供咨询等方式使学生具备自己开办企业的能力"。2015 年 5 月，国务院办公厅专门印发《关于深化高等学校创新创业教育改革的实施意见》，该意见就高校开展创新创业教育的原则、目标、主要任务和措施做出了具体部署。大学生创业教育作为一种响应经济社会发展及国家战略规划的教育理念与模式，基于专业教育，进一步培养大学生的事业心、创造性思维以及开拓性行为方式，且通过系统的教育实践活动，使大学生具备扎实的创业观念、丰富的创业知识以及卓越的创业能力。大学生创业教育具体包含以下三方面内容。

大学生创业教育，本质上是一种前瞻性与实践性并重的教育理念及实施框架，它紧密依托于当前社会经济发展的脉搏与国家长远战略规划的蓝图。其运作不是局限于单一教育活动的范畴，而是深深融入并推动人才培养模式的革新与课程体系的优化整合，以精准对接国家发展需求与学生个人职业规划的双重目标。

大学生创业教育的精髓，在于培育一批具有强烈事业心、拥有创造性思维及勇于开拓实践的青年才俊。此目标可细化为三大维度：首要任务是广泛传播创业知识，点燃学生内心的创业火种；进而通过系统训练，让学生形成创业思维，增强其实际操作能力；最终，引导学生内化创业精神，形成一种以创新为驱动、勇于探索的行为范式，使他们在日常生活与职业生涯中，都能以创业者的视角与姿态，积极面对挑战，把握机遇。

大学生创业教育的内容主要聚焦于创业观念、创业知识和创业能力的培养。在创业观念方面，其着重培养学生勇于创新、敢于挑战、坚持不懈的品格，同时强调遵纪守法、诚实守信、团队协作的职业操守，以及服务国家、服务人民的社会责任感。在创业知识方面，为学生提供创业的基本概念、原理、方法以及相关理论，涵盖创业者、创业团队、创业机会、创业资源、创业计划、政策法规以及新企业的开办与管理等多个方面。在创业能力方面，重点提升学生的机会识别能力、风险防范能力、行动执行能力，使他们能够在实际创业过程中灵活应对各种挑战。

第三节　大学生就业创业教育

一、就业与创业

就业与创业作为大学生职业选择的两大路径，并非相互排斥，而是相辅相成，共同构成了大学生生涯规划中不可或缺的一部分。这两者并非对立的概念，而是相互交融，共同推动大学生职业生涯的全面发展。就业为大学生提供了稳定的职业平台，使他们能够在实践中不断学习和成长，积累工作经验，为未来的职业发展奠定坚实的基础。同时，大学生还通过就业更好地了解了社会需求和行业趋势，为自身的职业规划提供了更为明确的方向。而创业则给予了大学生更多的挑战和机遇。通过创业，大学生能够充分发挥自身的创新精神和创业能力，实现个人价值的最大化。在创业过程中，大学生不仅能够锻炼自己的领导力、团队协作能力和解决问题的能力，还能够为社会创造更多的就业机会和经济效益。因此，就业与创业并非相互排斥，而是相互促进、共同发展的关系。大学生在规划自己的职业生涯时，可以根据自己的兴趣、能力和社会需求，选择适合自己的职业路径。当然，无论是就业还是创业，都需要大学生具有积极的心态和不断学习的精神，为自己的职业生涯注入更多的活力和动力。

1. 创业：拓宽大学生就业的新路径

当今社会，创业已经成为当代大学生寻求职业发展的重要途径之一。与传统的就业形式相比，创业不仅为大学生提供了更为广阔的职业选择空间，还为他们带来了实现自我价值和创造社会价值的机会。创业与就业殊途同归，其目标皆指向职业成长与经济回报。然而，创业的独特魅力在于，它不仅是就业岗位诞生的摇篮，更是推动社会经济不断发展的强劲动力。通过创业，大学生将个人的创新思维、深厚学识及精湛技能，巧妙地转化为市场上独具特色的产品或服务，从而为社会贡献出全新的增长点，促进社会的多元化与进步。与此同时，已经存在的就业岗位也为创业者提供了重要的支持和平台。这些岗位为创业者提供了市场需求、行业经验、技术支持等资源，使得创业过程更加顺利和高效。因此，创业与就业之间存在相互促进、相互补充的关系。

随着社会的不断发展和变化，自主创业已经成了越来越多的大学生的选择。通过自主创业，大学生能够根据自己的兴趣和专长，选择适合自己的创业方向，实现自我价值的最大化。大学生选择自主创业不仅有助于解决自身的就业问题，还能够为社会减轻就业压力。创业能够创造更多的就业岗位，带动周边产业的发展，促进经济的繁荣。此外，创业还能够推动社会的创新和进步，为社会的发展注入新的活力。

2. 创业：宏观经济趋势下的就业新引擎

在全球化的浪潮下，市场竞争日趋激烈，我国正经历着经济结构的重塑与转型。产业结构持续优化升级，经济发展模式也逐步转型，工作岗位对技术含量的需求急剧攀升，而传统劳动密集型岗位的需求则相应缩减。这一趋势导致大型企业吸纳就业人群的能力受限，为就业市场带来了新的挑战。然而，值得注意的是，中小企业在我国就业市场中扮演着举足轻重的角色。据统计数据显示，超过八成的新增就业岗位源自这些企业，彰显了其巨大潜力。尽管在规模上不及大型企业，但中小企业却犹如经济的毛细血管，吸纳了市场中大约半数的新增就业者，成为就业市场的重要支柱。这一现象凸显了中小企业在促进就业方面的巨大潜力。

面对经济增长与就业问题的新局面，我们认识到经济增长本身已不再是解决就业问题的主要手段，自主创新则跃升为驱动产业蓬勃发展的核心引擎。鉴于此，未来我国经济发展的蓝图需深度融入创业促就业的理念。具体而言，我们应大力倡导并扶持创业浪潮，尤其是聚焦于中小企业与私营部门的创业创新活动，以此作为激活经济活力、拓宽就业渠道的关键举措。这些企业不仅具有灵活性高、适应性强等优势，还能够迅速响应市场需求，促进经济增长重心向第三产业偏移，借由这些企业的蓬勃发展，挖掘更多的就业岗位，进而达成经济发展与就业扩张之间的良性循环与相互促进。

3. 大学生群体：创新创业的潜力股

在多元化的社会群体中，大学生以其独特的优势，成为创新创业的"潜力股"。他们经过高等教育的熏陶，不仅具备扎实的专业知识，还在思维、创新等方面拥有独特的优势。首先，大学生具备创业所需的特质。他们富有激情，敢于挑战，拥有敏锐的洞察力和较强的学习能力，这些都是创业者必备的素质。他们在大学期间积累的技术成果，如科研项目、创新实践等，都为创业提供了有力的支持。其次，大学生在创业知识方面也有明显的优势。许多高校都开设了系统的创业课程，为学生提供了从创业理论到实践操作的全方位指导。这些课程不仅帮助学生了解了创业的基本流程和风险防控，还激发了他们的创新思维和创业热情。

国家在政策层面对大学生创业也给予了大力扶持。优惠的税收政策、资金支持、创业孵化器等措施，都为大学生提供了良好的创业环境。这些政策的出台，不仅降低了大学生的创业门槛，还激发了他们的创业热情，使更多的大学生愿意投身到创新创业的实践中去。

二、大学生就业创业教育

就业与创业是不可分割的整体，鉴于此，大学生就业教育与创业教育不应被孤立地视为两个平行且独立的教育单元，而应相互融合，共同孕育出一种新颖的综合教育框架——大学生就业创业一体化教育。此模式立足于大学生职业生涯的全过程，旨在全方位、深层次地引导其进行生涯规划，促进大学生个人能力与素质的全面成长与发展。

党的十七大报告提出，"实施扩大就业的发展战略，促进以创业带动就业"，进一步明确了就业与创业之间的联动关系，为"就业创业教育"理念的提出奠定了基础。《国家中长期教育改革和发展规划纲要（2010~2020）》指出，要在高等教育中"加强就业创业教育"，首次明确提出了"就业创业教育"的表述。

大学生就业创业教育，其核心理念在于从学生职业生涯的长远视角出发，对传统的就业教育和创业教育进行深度的融合与创新，是集"适应性""开拓性""发展性"为一体的综合教育实践活动。其内涵包括以下三方面。

首先，从教育本质来看，大学生就业创业教育致力于打破就业与创业之间的界限，不再是单一的就业指导或创业培训，而是将两者有机结合，共同服务于学生的职业发展。它关注的是学生在职业生涯中所需的各种能力，如适应能力、创新能力、团队协作能力，以帮助他们更好地适应未来的工作环境。

其次，在教育目标上，大学生就业创业教育旨在解决传统教育模式下学生在就业与创业衔接过程中可能遇到的问题。它不仅仅是帮助学生找到一份工作或创办一家公司，更重要的是帮助他们明确自己的职业目标，找到适合自己的职业道路，并在这一过程中不断学习和成长。通过这种教育，学生可以更好地认识自己，了解市场需求，从而做出更为明智的职业选择。

最后，在教育内容上，大学生就业创业教育涵盖了从职业规划、职业技能培养到创业知识学习等多个方面。它不仅仅注重知识的传授，更注重学生实践能力的培养。通过案例分析、模拟演练、实地考察等多种方式，让学生在实际操作中学习和成长，为他们的职业发展打下坚实的基础。

第二章 大学生就业创业改革创新策略

在知识经济飞速发展的今天，高等教育确立了以质量提升为核心的内涵式发展道路。本章以大学生就业创业教育改革创新策略为切入点，先后探讨了大学生就业创业教育的课程体系构建、师资队伍支持以及与思想政治教育的融合发展等内容。

第一节 大学生就业创业教育课程体系建设

一、就业创业教育课程体系构建

课程构建的核心理论深入剖析了课程体系架构与课程设计方向之间的紧密关系，强调不同的设计导向会深刻塑造课程目标的设定方式、内容的组织逻辑、教学方法的甄选以及评价机制的构建策略，从而体现出课程设计在整体教育框架中的关键作用。在就业创业教育领域，三种主流的课程设计取向——学科中心主义、学生中心主义和社会中心主义，各自展现了独特的视角与侧重点。以下是对这三种取向的辨析，并在此基础上探索构建以综合素养为核心的就业创业教育课程体系。

（一）就业创业教育课程体系

1. 以学科为中心的就业创业教育课程体系

在构建就业创业教育课程体系时，学科中心主义设计取向扮演着核心角色，它侧重于以学科内容作为课程规划的根本支柱。这一设计取向认为，学科及其知识体系是历代智慧与经验的结晶，为教育提供了坚实的理论框架。因此，构建以学科为中心的就业创业课程体系，首要任务是确立各学科的基石地位，并精心编排其内在的逻辑联系，确保各门课程相互支撑、层层递进。

该体系的设计特色鲜明。首先，它强调对学科知识的严谨筛选与逻辑编排，确保学生能够系统、有序地掌握关键知识点。其次，它具备高度的预见性和计划性，课程内容与结构均经过精心设计，旨在预先铺设一条通往知识殿堂的道路，引领学生高效学习，深刻理解并内化学科精髓。

具体到就业创业教育的课程体系构建，其围绕学科知识的三个核心层面——基础知识、核心知识与依托知识来展开。基于此，课程体系被划分为三个紧密关联的模块：基础课程模块、核心课程模块与依托课程模块。基础课程模块旨在为学生打下坚实的理论基础，如职业生涯规划、创业入门，为后续学习奠定基石。核心课程模块则深入探索就业创业的核心领域，涵盖管理学、市场学、经济学、营销学、财务学等多个维度，全面提升学生的专业素养与实践能力。依托课程模块可以进一步拓宽学生的视野，通过心理学、伦理学与环境学等课程的开设，增强学生的心理素质、道德观念及环境适应能力，为其成功就业创业提供全方位的支持。

2. 以学生为中心的就业创业教育课程体系

以学生为中心的课程设计理念，是将学生置于课程设计的核心位置，其根基在于深入理解学生的兴趣、需求及个人经验。这一取向强调通过细致观察与深入研究学生群体，以及与学生进行积极对话与协商，共同塑造学习的目标与路径。相较于学科中心主义，学生中心主义淡化了学科体系的主导地位，转而将课程视为支持学生根据个人兴趣探索问题、深化理解的工具。

在此框架下，课程设计尤为注重问题解决的过程，而非预设的课程内容序列。因此，活动课程、项目式学习、体验式学习及互动式讲座等灵活多样的教学形式得以广泛应用，它们共同构成了学生中心课程设计的鲜明特色。这一取向深刻体现了课程设计的本质，即一切设计均围绕特定年龄阶段的学生的特点展开，包括其生活经历、认知模式及知识结构等因素，力求实现个性化与有效性的统一。

具体到就业创业教育领域，以学生为中心的课程架构，更加注重满足学生实现全方位自我成长的多元化需求，包括但不限于价值观与观念的培育、知识体系的系统建构、实践能力的逐步提升以及心灵世界的丰富体验，这些共同构成了促进学生全面发展的多维度课程体系。观念课程模块致力于培养学生的就业创业心理适应性、创业精神与职业精神；知识课程模块则系统地传授职业生涯规划、创业基础知识、法律政策框架及经济管理理论等关键内容；能力课程模块通过实战演练，如创业机会识别、成本核算、资金运作及风险管理，提升学生的实践操作能力；而体验课程模块则通过项目设计、模拟实训、名家讲座以及创新创业大赛等形式，让学生在实践中学习，在体验中成长。

3. 以社会为中心的就业创业教育课程体系

以社会为中心导向的课程设计，其核心在于将社会作为课程构建的根本，旨在通过教育引导学生深入理解并积极参与社会变革。此设计模式不仅视课程为知识传递的载体，更将其视为连接学生与社会、促进个人成长与社会进步的桥梁。其课程内容强调统一性与实用性并重，跨越学科界限，整合各类教育资源，围绕解决社会实际问题和满足社会需求的学习主题展开。

以社会为中心的课程设计的精髓在于其对社会问题的深刻洞察与积极应对，通过聚焦社会热点，映射时代变迁的需求，致力于培养能够洞察社会、勇于担当、善于创新的未来公民。在教学过程中，以社会为中心的课程设计尤为注重实践与活动的融合，如小组合作项目、社会调查与市场分析，以此增强学生的实践能力、团队合作精神及社会责任感。

在就业创业教育领域，以社会为中心的课程设计更是将课程视为推动社会变革的重要工具。其课程体系围绕社会价值、社会环境与社会行动三大核心模块构建，旨在通过教育引导学生树立正确的就业创业价值观，理解并适应复杂多变的社会环境，同时鼓励他们将所学知识与技能转化为实际行动，为社会的进步与发展贡献力量。在具体的课程设置上，以社会为中心的课程设计既包含创业伦理、社会责任等价值导向课程，也涵盖法律政策、行业趋势等环境分析课程，更不乏就业创业行动策略、社会参与与建设等实践性强的课程，确保学生能够在理论与实践的交汇学习中获得成长。

在当今全球化的背景下，无论是国家、地区还是高校，单一模式的课程设计均难以全面契合就业创业教育的复杂需求。面对这一挑战，应对的关键在于深刻理解并整合各类课程设计理念的优劣势，以期实现优势互补，弥补单一设计固有的局限性。以学科为中心的课程设计，虽在理论构建与知识传承上展现出深厚的底蕴，却常因过分聚焦于抽象理论与间接经验，而与学生实际面临的就业创业情境脱节，教学手段亦显单一。相比之下，以学生为中心的课程设计虽积极响应学生多元化需求，激发个体潜能，却在学科知识的系统性与深度上有所欠缺。至于以社会为中心的课程设计，其强调的社会责任感与实践能力虽值得称道，但过分凸显"工具性"价值，会抑制学生主体性的充分展现。

高等教育的使命在于培育既满足社会需求又具备较强综合素质与能力的复合型人才。这意味着，就业创业教育课程设计需跳出传统框架，探索一种更加整合与平衡的新路径——以综合素养为核心的多维度就业创业教育课程体系。该模式旨在将社会需求作为引导方向，精心编排课程体系，既保障知识的系统性传授，又兼顾学生主体性的激发与实践能力的培养。在具体实践中，这一课程设计取向有如下要求：一是紧密对接社会经济发展趋势，动态调整课程内容，确保教育的时效性与前瞻性；二是强化跨学科融合，打破知识壁垒，构建综合性学习平台；三是采用多元化教学方法，如案例教学、项目驱动、社会实践，增强学习的互动性与实效性；四是注重学生自主学习与创新能力的培养，鼓励其主动探索、勇于实践，成为解决问题的能手与创新的推动者。

（二）以综合素养为核心的多维度就业创业教育课程体系

以综合素养为核心的多维度就业创业教育课程体系，旨在融合学科深度、学生需求与社会期望，明确界定一系列具体的课程行为目标。这些目标不仅勾勒了学生在社会中有效发挥功能所需的关键素养与能力轮廓，还深刻体现了各学科的独特贡献与要求。此课程体系在架构上与强调学科整合的传统模式相呼应，但更加注重综合素养的培育，因此，它主要由三大课程模块精心构建而成：基础素养模块、核心技能模块与拓展实践模块。

基础素养模块稳固根基，一些必修课程，如职业生涯规划与就业指导、创业启蒙，为学生奠定坚实的就业创业理论基础与初步的职业规划意识。核心技能模块则深入拓展，涵盖就业创业管理、心理调适与创业韧性、创业经济学概览、行业发展与前景展望、就业创业法律与政策实务等多元化课程，旨在全方位提升学生的专业认知与实践能力。拓展实践模块则侧重于实践探索与经验积累，通过就业创业工作坊体验、创业项目策划与执行实战、创业者交流论坛、创新创业大赛等形式，让学生在真实的创业环境中锤炼自我，激发创新思维与团队合作精神。

整个课程体系通过精心编排的必修、选修课程，确保教育资源的广泛覆盖与个性化需求的兼顾，实现"三全育人"的教育理念。从入校到毕业，各阶段的课程安排紧密相连，循序渐进地将就业创业观念、知识与技能融入学生成长的每个环节。特别值得一提的是，课程体系中创新性地融入了如"行业发展与前景展望"等跨界融合课程，有效地衔接起通识教育、就业创业教育与专业教育，鼓励学生基于专业背景，洞察行业趋势，为未来的就业创业之路夯实基础。

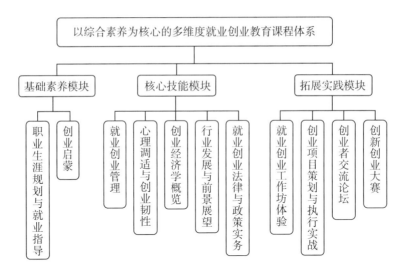

图 2-1　以综合素养为核心的多维度就业创业教育课程体系

二、就业创业教育课程设计及主要特点

（一）就业创业教育课程设计

课程设计指拟定一门课程的实质性结构、形式或组织形式和组织结构。其受两个层次的制约：一是广义的层次，即基本的价值选择；二是具体的层次，包括课程要素和实施技术的安排。由此，应从课程形式、课程教学目标、教学方法、教学评价四个主要方面设计就业创业教育课程的实施方案。

表 2-1　就业创业教育课程实施方案

课程模块	课程内容	课程形式	开设年级	课程教学目标	教学方法	教学评价
基础素养课程	职业生涯规划与就业指导、创业启蒙	必修	大一大二	掌握就业创业的基本理论知识、基本能力	课堂讲授法案例分析法人物访谈法量表分析法	生涯规划书制作简历创业策划书

续表

课程模块	课程内容	课程形式	开设年级	课程教学目标	教学方法	教学评价
核心技能课程	就业创业管理、心理调适与创业韧性、创业经济学概览	选修	大二	掌握就业创业管理等具体能力，会分析、识别、防范机会与风险，提升抗挫能力	课堂讲授法 案例分析法 专题研究法 小组讨论法 头脑风暴法 问卷调研法 角色扮演法 见习实习法 人物访谈法	课堂考试 调研报告 成长日记
	行业发展与前景展望（各专业）、就业创业法律与政策实务					
拓展实践课程	就业创业工作坊体验	必修	大一到大三	丰富创新创业实战经验，提升应用转化能力，实现综合素养全面发展	头脑风暴法 情景模拟法 团队协作法 拓展训练法 案例分析法 实践体验法	心得体会 自我评价 专家评价 出勤考核
	创业项目策划与执行实战	选修				
	创业者交流论坛	必修				
	创新创业大赛	选修				

1. 课程形式

课程形式包括公共必修课与选修课，前者为全体学生必修的就业创业教育课程，后者则根据学生的兴趣与需求灵活选择，包括必选与任选两类。在以综合素养为核心的多维度就业创业教育课程体系中，基础素养模块作为必修，通过职业生涯规划等课程奠定就业创业基础；核心技能模块作为选修，涵盖就业创业管理等，深化核心知识与技能；拓展实践模块同样为选修，包含必选课程，如就业创业工作坊体验等。课程分阶段实施，大一注重基础必修，后续年级增设跨学科选修，全程贯穿实践选修，确保每位学生理论与实践的深度融合。

2. 课程与教学目标

课程与教学目标作为就业创业教育培养目标的细化体现，需根据学生发展的层次性与阶段性来设定。在大学阶段，就业创业教育的教学目标被划分为三个递进的层次。首先，大一学生的培养核心在于通过基础素养模块，唤醒全体学生的就业创业意识，使其拥有坚实的理论基础，树立正确的就业创业观念，并初步培养其创业就业的基本素质与能力，助力其科学规划学习生涯与职业路径。其次，对于大二学生来说，教学目标应聚焦于核心技能模块，旨在强化他们识别与利用就业创业机遇的能力，同时，增强应对就业创业过程中的潜在风险与挑战的防范意识与应对策略，确保在面对实际挑战时能够迅速、有效地采取行动。最后，面向全体学生，应通过贯穿整个培养周期的拓展实践模块，特别是借助丰富的活动教学与实践教学环节，着重培养学生的创新创业精神，深化其对就业创业的深刻理解，并显著提升其在实践中的操作技能和对理论技术成果的应用转化能力，全面促进其就业创业综合素养的均衡发展。这一过程不仅要关注学生对知识的获取，更要重视对学生能力的塑造与精神的培育，确保学生在就业创业的道路上具备更强的竞争力。

3. 教学方法

教学方法是教学过程中的核心要素，旨在通过特定的方式、途径和手段，促进师生共同完成教学任务。其设计需综合考虑教学目标、课程性质、教材内容、学生特性、时间分配、教学资源及教师能力等多方面因素。在构建高效的教学体系时，应遵循教育的基本规律，特别是学生认知与成长的规律，融合课堂教学、第二课堂活动及社会实践等多种渠道。同时，积极拥抱现代信息技术，以此为驱动，不断探索与革新教学方法，旨在从根本上提升教学质量与学生的学习成效，实现教育的全面优化与升级。

就业创业教育课程综合性强，涵盖了知识传授、技能培养、态度转变及实践能力锻炼等多个维度。因此，教学方法应灵活多样，以确保理论与实践并重，讲授与训练相结合。对于基础理论课程，可采取讲授法为主、案例分析为辅的方式，使抽象理论具体化，同时激发学生自主学习的兴趣，鼓励课堂展示与讨论。对于涉及政策解读、心理调适等内容的课程，教学方法应融合讲授、案例分析与专题研讨多种方式，通过小组讨论、头脑风暴等形式，深入剖析问题，提出解决方案，增强学生的分析与解决能力。此外，角色扮演、市场调研等实践活动也是提升学生适应性与应变能力的有效途径。而对于强调实践操作的课程，则需采用互动性更强的体验式教学方法，如小组协作、情景模拟、计算机模拟及拓展训练。这些活动以真实的创业环境为背景，通过项目设计、工作坊研讨及名家讲座等形式，促进学生将理论知识转化为实际操作能力，培养其创新思维与创业实践能力。

4. 教学评价

教学评价作为课程评估的关键环节，旨在通过多维度的信息分析，客观评估教学效果。教学评价的分类多样，依对象可分为学生、教师与学校评价；依主体则分为自我与外来评价；按手段可分为量性与质性评价。在就业创业教育课程设计中，学生评价占据核心地位，侧重于评估学生的实际学习成果与能力提升。

教学评价的评价内容聚焦于两大方面：一是学生对就业创业基础知识的掌握程度，这构成了科学决策的基础，可通过标准化测试、研究报告等形式量化评估；二是学生就业创业综合素养的形成，这关乎学生的长远发展，需借助专家评审及多维度自评互评等质性手段，全面反映学生的自我认知、目标设定及实施成效。在评价方式上，倡导综合考量，融合过程与结果、定性与定量评价。除传统的考试与报告外，还引入成长记录、心得体会等质性研究工具，鼓励学生、家长及教师多元参与，促进自我反省与成长。这种评价方式不仅增强了学生的主动性，还提升了其自我评估能力。同时，对于知识掌握的评价，虽以量化手段为主，但应强调过程性考核，结合日常表现与期末成绩，实施发展性评价，激励学生在持续反馈中进步。至于实践技能，则依据课程特性设计实操考核，结合学生自评、互评及专家意见，全面评估其实践能力。

（二）就业创业教育课程设计的主要特点

就业创业教育课程设计方案深度融合社会适应性、学科融合度及个人成长需求，创新性地构建"普及与个性化并重、层次化与阶段化实施、基础通识与专业技能并进"的教育框架。

1. 普及与个性化并重，分层分阶段实施

就业创业教育课程设计在课程对象上实现普及与个性化需求的有机结合，通过精心配置必修课与选修课，确保既面向全体学生，又兼顾不同层次与阶段的学生发展需求。该课程体系应先设立必修课程，确保每位学生都能接受基础的就业创业教育，掌握相关领域的基本观念、知识和技能。同时，为大一至大三三个年级的学生开设贯穿整个人才培养过程的系列选修课，打破专业和年级界限，进一步拓宽课程受众面。为了满足具有明确就业意向和强烈创业愿望学生的深层次需求，该课程设计还应将一系列与就业创业教育紧密相关的课程设置为选修课，这些课程既可作为就业创业学院或相关学院的专业选修课，也可作为选修课供其他各专业学生学习，从而满足不同专业背景学生的个性化学习需求。

此课程设计尤为注重课程内容与学生年级相匹配，满足不同年级学生的认知成熟度、心理特征、成长轨迹及实际需求。具体而言，大一阶段聚焦于启蒙与奠基，通过开设导论及基础类课程，唤醒学生的就业创业意识，引导他们建立初步职业规划，奠定坚实的就业创业知识基础。随着年级的增长，大二至大三阶段应深化拓展，设计一系列涵盖核心知识与技能的多元化课程，旨在全方位提升学生的就业创业综合素质与实践能力，满足其更高层次的成长与发展需求。

2. 基础通识与专业技能并重，实现课程全面覆盖

就业创业教育课程设计应在内容上实现基础通识教育与专业技能的有机融合，形成跨学科的综合课程体系。该课程设计充分考虑政治、经济、文化等领域的动态变迁，精准把握就业创业市场对人才的实际需求，同时深入考量学生个体在职业生涯初期所需的知识储备与综合能力。课程内容广泛而深入，不仅包括扎实的理论基础与实用的技能方法，还包括对情感态度的培养，这体现了心理学、经济学、管理学等相关学科内容的相互渗透和补充，旨在全方位培养学生的就业创业素养。

为了实现通识教育与专业教育的有机结合，课程设计打破了学科界限。此外，各学院及专业积极响应实际需求，打造了一系列开放且多元的专业课程内容，如行业趋势与未来展望，将专业知识的学习紧密结合当前社会的就业创业热点与难题。这一举措旨在鼓励学生在各自的专业领域内主动探索，积极寻找实现顺利就业与成功创业的契机，从而在实践中深化对专业知识的理解与应用。

3. 注重实践，创新教学方法

在教学方法上，就业创业教育课程设计，不仅重视课堂教学对理论知识的传授，更强调实践教学环节的设计与实施。为了增强学生的实践能力和问题解决能力，课程设计着重提升实践教学的核心地位，通过扩增实践教学内容的深度与广度，并持续优化实践教学方法，激发学生的参与热情，如参观学习、创业模拟、创新创业大赛。尤为显著的是，就业创业实践工坊体验课程被设定为必修项目，其核心聚焦于实践教学，旨在显著增强学生的就业创业实操技能，提高问题剖析与解决问题的能力。此教学模式贯穿课程体系的始终，其作为就业创业教育中的关键组成部分，不仅丰富了学生的学习体验，还全方位促进了学生实践技能与创新思维的同步发展。

三、就业创业教育课程实施的有效保障

（一）多样化的师资队伍是关键

构建多样化的就业创业教育师资队伍是确保教学有效进行的关键。高校需建设包含三类教师在内的师资体系：理论型教师，侧重传授就业创业理论知识；综合性教师，负责针对性咨询与指导；实践型教师，专注于增强学生的实践体验。为实现这一目标，高校需根据教师类型进行重点培养、培训和引进。理论型教师应提升专业素养和理论水平，特别是学术科研能力，通过搭建学术平台、鼓励深造来提升其专业化水平；综合性教师则需要积累丰富的就业创业实践经验，以提升指导效果；实践型教师主要从社会引进，需具备实践经验与学术背景，以有效指导学生开展实践。同时，高校需为师资培育提供制度和机制保障，探索科学的遴选机制与管理模式，广泛吸纳各类教师资源，突破传统体制的束缚。同时，构建完善的激励机制，以激发教师潜能，确保教师资源的合理流动与高效利用，从而推动教育质量的全面提升。

（二）校本教材是根本

在大学生就业创业教育中，校本教材不仅是知识传授与技能培养的基石，更是引导学生树立正确就业观念、激发创新创业潜能的关键所在。它应当紧跟就业市场的变化趋势，结合学校特色与资源优势，精心设计课程内容，既涵盖对理论知识的深度解析，又注重实践操作的广泛实用。通过案例分析、模拟演练、项目实践等多种形式，增强学生的职业规划能力、团队协作能力、问题解决能力和创新思维能力，为学生顺利步入职场或自主创业奠定坚实基础。

同时，校本教材还需与时俱进，定期更新，确保教学内容的前沿性和时效性。校本教材应积极响应国家政策导向，融入行业最新动态和技术发展趋势，引导学生关注社会热点，把握时代脉搏，从而在未来的职业生涯中占据主动，实现个人价值与社会发展的双赢。

（三）适切的教学方法是保证

当前，多数高校的就业创业教育课程面向全体学生，多采用大班授课形式，面临教师资源有限与课时有限的双重挑战，教师必须采用适切的教学方法以保证教学效果。案例分析法与情景模拟法能够有效提升课堂吸引力，优化教学效果。同时，研讨式、课外实践、创业专题、社会实践、头脑风暴、拓展训

练、团体辅导、远程教学等多样化方法也值得尝试，使教学方法不断改进与提升，逐步走向科学化、规范化、系统化和精细化。

第二节　大学生就业创业教育师资支持

一、建设创新创业教育师资框架

（一）构建多元化师资框架：融合企业、专业与就业创业指导力量

高校就业创业教育是一种特殊的教育模式，它将就业创业理论与实践活动相结合，培养学生的就业创业精神，提升他们的就业创业技能。就业创业教育的显著特点在于实践性与理论性并重。此教育模式的一个重要目标是支持学生的自主就业创业活动。因此，在选拔与培养就业创业师资时，必须确保其能够涵盖就业创业实践、就业创业理论以及就业创业指导这三个核心方面，相应地，这就要求师资构成应包括具有实战经验的企业师资、具备专业知识的专业师资以及擅长就业创业辅导的辅导员。

（二）明确师资培养目标：打造实践型、"双师型"与咨询型教育团队

为了全面提升学生的实践能力和职业素养，应制定明确的师资培养目标，打造一支实践型、"双师型"与咨询型相结合的教育团队。实践型师资将注重培养学生的实际操作能力和解决问题的能力，通过实战经验和案例分析，引导学生在实践中学习和成长；"双师型"师资则要求教师同时具备教学能力和行业实践经验，能够将理论知识与实际应用紧密结合，为学生提供更具针对性和实用性的教学内容；咨询型师资则专注于提供个性化的学业和职业规划指导，帮助学生明确发展目标，制订实施计划，并提供必要的支持。通过这一师资培养目标，我们将为学生构建一个更加完善、高效的教育环境，帮助他们在学习和职业生涯中取得更大的成功。

二、建立高素质的师资队伍

(一) 扩大师资队伍

建立一支高素质的师资队伍，首要任务就是扩大师资队伍的规模，实施多元化引进与培养策略。高校应积极拓宽师资引进渠道，不再局限于传统的高校和科研机构，而是将目光投向企业、行业协会等，吸引更多具有丰富实践经验和行业背景的专业人士加入教学团队。同时，注重师资的多元化构成，队伍应由不同学科背景、不同教学风格、不同从业经历的教师组成，以此为学生提供更好的学习体验。

在师资引进的过程中，应坚持高标准、严要求，确保每位新加入的教师都具备扎实的专业知识、丰富的教学经验和良好的教学能力。同时，也要重视师资的培养和提升，通过定期培训、研讨和各种交流活动，帮助教师不断更新教学理念、提升教学方法和技巧，以更好地满足学生的学习需求。

(二) 构建协同机制

为了有效推进就业创业教育工作，构建一个高效、协同的协调机制至关重要。这包括成立专门的领导小组或委员会，建立跨部门协作机制，引入企业与社会力量参与，完善课程体系与教学方法，以及强化实践环节与成果展示等多个方面。通过这些措施的实施，可以形成全校上下共同关注和支持就业创业教育的良好氛围，推动就业创业教育工作不断取得新的成效。

(三) 制定师资选聘制度

制定灵活的就业创业师资选聘制度是提升高校就业创业教育质量、促进学生高质量就业与成功创业的关键举措。这一制度应明确选聘原则与目标，坚持公平、公正、公开的原则，同时注重应聘者的实际能力和经验。在选聘条件上，应重视师资背景的多样化。来自企业、行业协会、政府机构、高校及科研机构等不同领域的专业人士，具备丰富的实践经验、扎实的理论基础和创新能力。同时，师资选聘机制也应灵活多样，通过多渠道招聘、灵活用工方式以及动态评估与调整，吸引并留住优秀的就业创业导师。为了完善管理方式，应建立导师库，完善激励机制，提供有竞争力的薪酬待遇和职称晋升机会，并定期组织培训交流活动，提升教师的教学水平和行业洞察力。通过这些措施的实施，可以吸引更多优秀的人才，进一步提升高校就业创业教育的质量和水平。

针对不同课程的需求，就业创业通识课程主要以校内辅导员、学工部、就创中心等教师为核心，兼职教师为辅；就业创业融合课程采用专业教师与兼职教师紧密协作的模式，选聘校外兼职教师，与专业教师共同授课；专业层面的就业创业课程，则更倾向于采用兼职教师独立教学的形式。

三、建立多样式的师资培养体系

（一）加大创业学位建设力度

要解决当前高校创业教育师资短缺的现状，短期培训难以奏效，构建系统化的创业学学位体系才是长久之计。这一体系不仅能够培育大批高素质的创业教育从业者，还将吸引更多优秀的企业与管理人才投身创业研究事业，推动学科发展，形成良性循环。目前，我国虽已在创业学学位建设上取得一定成果，但教育资源仍显不足。因此，高校必须进一步加大力度，有条件的高校应积极响应，加强创业学学位的全面建设，逐步建立起完善的学位培养体系，以满足创业教育的长远发展需求。

（二）提升"双师型"教师培养水平

提升"双师型"就业创业师资培养水平，核心在于资金保障与平台优化。高校需设立专项就业创业师资培养基金，并增加资金来源，吸引外部投资。通过深化产学研合作机制，有效融合高校学术资源与企业实战经验，联合设计定制化校企合作培训项目。其培训重点应涵盖企业管理精髓、项目运营策略、危机管理技巧等关键环节，同时强调创业实感、亲历体验与认知深度。此外，构建"双师型"特色职称评价体系亦不可或缺，应积极引进兼具教学与企业实践经验的"双师型"创业导师。在此培养路径上，学校需秉持以下原则：尊重教师个人职业发展志向，确保教师专长精准对接企业需求，平衡高校与企业合作双方的利益诉求，以及促进理论知识与实战经验的深度融合与互相促进。

（三）拓展就业创业师资培训渠道

深耕细作就业创业教育多年，高校已积淀了丰富的教育经验，并塑造了卓越的教研团队。为精进师资培训效能，高校可创新性地引入市场竞争机制，激发培训体系的活力与创造力，打造多样化的成长路径。培训设计应侧重体验式与实践性教学策略，旨在重构教师的创业知识体系，并显著提升其在就业创业领域的实战能力。同时，高校应拓宽国际视野，加强与全球教育机构的合作，通过国际化路径提升培训质量。精选优秀教师参与国际顶尖的师资培训项目，吸收国际前沿的教育理念与实践模式，确保教学理念紧跟全球就业创业教育的新浪潮。此外，鼓励教师参与国际交流，与全球顶尖学者建立深度对话，学习宝贵经验，为高校就业创业教育的理念革新与方法升级注入不竭动力，确保其持续繁荣与发展。

第三节　大学生就业创业教育与思想政治教育融合发展

一、就业创业教育与思想政治教育的双向建构

（一）目标同向性

在时代的浪潮与社会变迁的推动下，思想政治教育与就业创业教育呈现出相辅相成、共同演进的态势。一方面，思想政治教育坚守着历史积淀的宝贵经验与实践验证的有效原则，同时敏锐捕捉时代脉搏，灵活调整策略，确保教育目标的时代性和前瞻性。另一方面，就业创业教育聚焦于大学生的个性化成长与未来潜能的挖掘，致力于激发其就业创业的激情与潜能，培养坚韧不拔的创业精神与人格特质。这一教育过程不仅引导大学生设定了明确的就业创业目标，而且还深化了他们对个人价值与社会责任的认知，促使他们在掌握专业知识与技能的基础上，也具备适应未来的高阶能力，从而推动个人全面发展。

值得注意的是，思想政治教育与就业创业教育在促进大学生综合素质与核心能力构建上形成了深度交融。思想政治教育以其独特的价值导向功能，为大学生提供了坚实的道德基石与科学的思维框架，引导他们树立正确的世界观、人生观、价值观。而就业创业教育则作为一股活力源泉，为思想政治教育注入了新的活力，拓展了其教育实践的边界，使得大学生在就业与创业的过程中，能够更加自信地面对挑战，更加积极地融入社会。

（二）内容相通性

在探讨教育与时代变迁的紧密联系时不难发现，思想政治教育与就业创业教育在内容层面上的交汇与共进，尤其是在就业创业的广阔舞台上，两者内容上愈发相通。

当前，思想政治教育的内容体系正随着时代的脉动而不断丰富与深化，它植根于辩证唯物主义、历史唯物主义及马克思主义认识论的深厚土壤，致力于塑造学生的世界观。在构筑人生观的过程中，思想政治教育则着重激发学生的理想信念之光，精心雕琢其人生观，同时培养其对生命价值的高度重视，以此促进学生的全面发展。此外，法治观与道德观的培养也是不可或缺的一环，培养学生的法治意识、集体观念及高尚的社会公德与职业道德十分重要。

与此同时，就业创业教育作为响应时代召唤、契合社会经济需求的新兴教育模式，其内容构建紧密围绕就业创业的核心目标。它首先关注的是就业创业意识的培育，旨在点燃学生的创业热情，培养其职业道德、创业道德，使之勇于探索、敢于实践。在此基础上，就业创业教育还注重知识与能力的提升，确保学生在扎实的理论基础上，能够全面发展其综合能力。更进一步地，它还能够引导学生将就业创业的感性认识升华为理性思考，形成系统的职业生涯发展规划。

值得注意的是，无论是思想政治教育还是就业创业教育，在内容的构建上均体现了高度的时代敏感性与针对性。它们遵循教育的本质规律，即根据教育目的、任务及学生精神世界的发展需求来确定和实施教育内容。同时，两者均凸显了马克思主义理论的领航作用，强化共同理想的力量，并聚焦于精神动力的汇聚与道德教育的深度融合，共同塑造学生的精神世界与价值导向。

（三）方法协同性

思想政治教育的方法论不仅涵盖了信息获取与分析的认知策略，还融入了疏导与比较等多样化的教学手段，旨在深化教育成果。同时，网络等新型载体的运用，以及隐性教育方法的探索，进一步丰富了思想政治教育的实践路径。特别是心理疏导与思想转化等特殊方法的应用，体现了对个体心理成长的深切关怀。面对当今世界的挑战，思想政治教育需保持与社会进步、环境变化及个体成长的同步性，坚持解放思想、实事求是的原则，既传承历史智慧，又借鉴现代理念，于创新中寻求持续发展。

就业创业教育的方法论体系同样丰富多彩。它融合了理论讲授与实践探索的双重维度，理论教育奠定坚实的理论基础，实践锻炼则鼓励学生在真实场景中磨砺技能，而日常熏陶法则在潜移默化中塑造学生的职业精神与道德风貌。这一教育体系强调理论与实践的深度融合，鼓励学生在实践中深化对就业创业的理解，并通过持续的评估与调整，不断优化就业创业目标，最终实现职业素养的全面提升与飞跃。

（四）功能互补性

在探讨思想政治教育的功能时，可将其划分为两大核心领域：个体成长导向与社会发展推动。就个体层面而言，思想政治教育犹如一盏明灯，引领个体在精神世界的构建过程中明确方向，将个体的思想航标对准社会发展的航道，不仅能提升个体的道德境界与思想纯度，还能规范社会行为模式，形成个体独特的人格魅力。转向社会功能视角，思想政治教育则扮演着社会进步的催化剂这一角色。它通过培育具备高度思想政治素养的个体，为社会的政治稳定与发展做出贡献。同时，这一过程有利于激发个体的积极性与创造力，促使他们成为推动经济繁荣的活跃分子，助力经济实现质量与速度的双重飞跃。

就业创业教育的核心价值在于促进经济增长、科技进步、民生改善与社会和谐。它精准对接个体发展需求与社会进步趋势，致力于实现个体潜能与社会福祉的双重提升。

在此框架下，大学生思想政治教育与就业创业教育形成了相辅相成、相互促进的紧密关系。思想政治教育为就业创业教育提供了价值导向与动力源泉，确保其发展方向的正确性、目标的合理性以及动力的持续性。反之，就业创业教育以其鲜明的时代特征与实践要求，为思想政治教育注入了新的活力，增强了其针对性、实用性以及普遍性，实现了两者功能的最大化，实现了个体成长与社会进步的和谐共生。

二、就业创业教育与思想政治教育的融合策略

（一）教育理念融合

面对我国人才需求的转型升级与教育改革深化的趋势，高校教育理念的革新成为时代赋予的新使命。在此情境下，就业创业教育与思想政治教育作为塑造新时代人才不可或缺的驱动力，亟须在理念层面实现深度融合，共同构建相互促进、协同发展的教育体系。为了实现这一目标，我们需在思想政治教育中灵活融入就业创业教育的元素，同时在就业创业的引导功能中，强化思想政治教育的指导作用。这种融合不仅有助于克服传统思想政治教育中可能存在的理论与实践脱节的问题，还能在就业创业的实践中深化思想政治教育的成果，形成双向促进的良性循环。

具体而言，推动就业创业教育与思想政治教育理念的有效融合，需从以下两个方面着手。

（1）就业创业教育应坚守正确的价值导向，助力思想政治教育目标的实现。就业创业教育以其贴近实际的特点，成为实践思想政治教育的重要平台。通过这一平台，思想政治教育能够更加具体、生动地传达正确的价值观与道德观，而就业创业教育则在实践过程中接受思想政治教育的引领，确保其在促进学生全面发展的道路上不偏离方向。二者相辅相成，共同服务于"立德树人，德育为先"的高等教育基本原则，致力于实现学生的全面发展。

（2）强化思想政治教育的引领与保障功能，为就业创业教育的深入实施提供有力支撑。高校应从国家人才战略的高度出发，重新审视就业创业教育的地位与价值，将其视为培养高素质、创新型人才的关键环节。在此过程中，思想政治教育应发挥其独特优势，通过强化学生的内在思想素质与道德品质，为就业创业教育提供坚实的人才基础。同时，这种融合还有助于丰富就业创业教育的内涵、提升其价值，使其更加符合社会发展的需求与趋势。

（二）教育内容融合

思想政治教育的内涵广博，兼容并蓄，然而，其高度的理论性有时也容易使学生产生距离感。尽管通过"第二课堂"等创新形式，思想政治教育已试图加入实践元素以增强其亲和力，但还是略显枯燥单调。就业创业教育以其独特的实践导向，为思想政治教育带来了活力与吸引力。

就业创业教育聚焦于提升学生的就业创业意识、技能与知识储备，往往能够直接触及学生未来职业发展的核心需求。然而，在这一过程中，也需警惕学生思想层面的问题，尤其是对社会责任感、艰苦奋斗精神、坚韧不拔的毅力以及面对挑战时的决心与勇气等关键品质的培养。这些品质不仅是个人成长的重要基石，也是社会进步不可或缺的精神动力。

因此，在就业创业的实践教学中，强化思想政治教育的融入，不仅能够丰富教育内容的层次与深度，还能够为就业创业教育提供坚实的思想支撑与道德保障。通过融合，两者可以相互补充，共同促进学生的全面发展，使就业创业教育在提升学生职业竞争力的同时，也能培养学生高尚的品德与坚韧的精神。

（三）实践活动融合

实现思想政治教育与就业创业教育在理论与实践层面的深度融合，需构建一套多维度、立体化的育人模式，该模式紧密围绕思想政治教育与就业创业教育的理论课、校内实训平台以及校外实践基地三大支柱展开。此模式可优化教育资源配置，明确教育主体的角色定位与职责分工，确保理论教学与实践探索的无缝对接。具体而言，理论课程的教学与校内实训的指导工作，将由具备深厚理论功底的专任教师与经验丰富的思政辅导员携手承担。他们不仅能够传授专业知识，还能将日常管理与育人理念融入教学之中，使理论教育更加贴近学生实际，增强教学的针对性和实效性。

对于校外实践环节，则可以采取"双导师"制的指导模式，即由校内教师与校外行业专家、成功企业家、政府人力资源管理者及投资界人士共同担任指导老师。这种组合不仅丰富了实践指导的视角，也让学生有机会接触社会、了解企业运营或深入科研创新一线，亲身体验职场环境，加速理论知识向实践能力的转化过程。

通过思想政治教育与就业创业教育的理论课、校内实训平台、校外实践基地三者的有机联动，逐步构建起一个全方位、多层次的育人生态体系。在此生态体系下，大学生的就业创业观念、意识及能力将实现质的飞跃，伴随而来的是其思想政治素养的提升、社会责任感的增强、社会与个人认知的飞跃以及心理调适能力的全面发展，共同铸就大学生全面发展的坚实基石。最终，高校将培养出既有扎实理论基础，又具备卓越实践能力的创新型人才，以满足社会发展的多样化需求。

（四）组织管理融合

组织管理体系的优化是确保大学生就业创业素质培养有效推进的关键因素。面对新时代的发展要求，高校需适时调整并强化其就业创业管理机制与组织架构，以更好地适应并引领人才培养的新趋势。在此过程中，深刻认识思想政治教育与就业创业教育融合的战略意义显得尤为重要。高校应成立由校领导亲自挂帅的就业创业工作领导小组，并设立专门的就业创业指导中心，作为全校就业创业教育工作的核心枢纽，负责整体规划与协调推进。为确保各项工作的有效执行，需进一步明确校团委、教务处、马克思主义学院、班主任及辅导员等关键角色的职责，促进部门间的紧密协作与资源共享，形成合力，共同致力于提升大学生的综合素质。在这一过程中，应特别注重发挥各自的专业优势，实现优势互补，确保就业创业教育的全方位覆盖与深入实施。

就业创业指导中心还需承担起政策宣传与解读的重要职责，及时将国家关于就业创业的最新政策、信息传达给广大学生，并设立咨询窗口，积极解答学生在就业创业过程中遇到的各种疑惑与困难，成为学生信赖的坚实后盾。此外，为激发师生参与就业创业的积极性与创造力，高校应建立健全奖励机制，对在就业创业领域表现突出的学生及优秀指导教师给予物质与精神上的双重奖励，营造浓厚的就业创业氛围，让创新精神与实干精神在校园内蔚然成风。

三、就业创业教育融入思想政治教育"五位一体"新平台

随着"互联网+"的深入发展，人工智能等前沿技术的兴起，以及新兴企业的不断涌现，当代大学生的就业期望与创业热情均被显著激发。在这一时代背景下，促进大学生顺利就业与积极投身就业创业活动，成为社会各界关注的焦点。当前，大学生就业创业教育主要面临三大挑战。

第一，从社会层面看，就业创业的教育理念虽已广泛渗透进教学科研领域，体现为各类专业竞赛、生涯规划大赛、创新创业大赛的频繁举办。然而，这些活动在质量上却呈现出显著的不均衡性。部分比赛仅停留于表面，缺乏风投资本的支持与创业孵化机制的配套，难以真正助力学生的就业创业实践。

第二，就大部分高校而言，尽管其已开设就业创业相关课程，但课程的连续性与专业融合度尚显不足，学时严重不足，尚未构建起一套系统完整的课程体系。同时，学校提供的就业创业讲座、研讨会等资源亦相对有限，难以满足学生日益增长的学习需求。

第三，从学生个人角度来看，他们普遍怀揣着高涨的就业创业热情，但在实际操作中却往往感到迷茫与无助，缺乏有效的策略指导与资源支持。此外，学校在保障学生就业创业活动方面也存在短板，如未能妥善解决就业创业与常规学业之间的冲突，学分认定与转换机制不够灵活完善，从而在一定程度上削弱了学生的学习动力与参与热情。

针对上述问题，我们提出构建一个将就业创业教育深度融入高校思想政治教育的"五位一体"新平台。该平台旨在通过资源整合、课程优化、实践强化、指导精细化以及政策支持等多个维度，全面提升学生的就业创业能力与社会适应力，为其未来的职业发展奠定坚实基础。

（1）发挥课堂教学的主渠道作用。首先，充分依托思想政治教育公共课程平台，借助马克思主义的基本原理与视角，深入剖析就业创业领域的实际问题，帮助学生厘清思想迷雾，树立正确的就业创业观念，从而提升其就业创业的成效与质量。其次，构建系统化的课程体系，包括职业生涯规划、时事政策解析及就业创业指导等，这些课程旨在全方位培养学生的创新思维、就业准备及创业实践能力，确保学生在面对职业选择时更加自信与从容。再次，重视思想政治教育教师队伍在就业创业教育中的引领作用。教师的思想前瞻性与知识储备是引领学生成长的关键。因此，必须加大对教师队伍的培训力度，不仅要提升其专业素养，更要注重增强其在就业创业教育方面的能力，建立并完善针对教师就业创业教育成效的评估与激励机制，以激发教师的教学热情与创新

能力。

（2）引领网络思想政治教育的新风向。在信息化浪潮席卷全球的今天，互联网已成为高校思想政治教育不可或缺的前沿阵地，此时迫切需要高校主动出击，率先占领就业创业教育的网络高地。其中的首要任务是精心打造就业创业教育网络宣传专栏，该专栏将深度挖掘并广泛传播就业创业相关政策、先进人物事迹及成功案例，旨在点燃学生内心的就业创业热情，坚定其信心与决心。同时，紧跟时代步伐，灵活运用丰富的新媒体工具，作为与学生互动的桥梁。定期或不定期地围绕就业创业领域的热点话题，组织线上讨论、政策解读及事件追踪活动，确保信息流通的即时性与互动性，进一步激发学生的参与热情与思考深度。

（3）融入校园文化建设肌理中。首先，构建一个空间布局合理、环境优美、氛围和谐的校园环境，这是校园文化建设的基石。在此基础上，进一步深耕人文环境，使其成为推动就业创业教育深化的重要一环。具体而言，就是通过定期举办就业创业主题讲座、交流沙龙及青年领袖对话等活动，在校园内激发起一股积极向上、勇于探索的就业创业风潮，鼓励学生之间形成良性竞争与互助合作，共同追求卓越，勇于开创未来。同时，在校园的各个角落，无论是教学区域还是休闲空间，巧妙融入就业创业元素，如设立寓意深远的碑刻、雕塑及主题长廊，这些艺术化的设计不仅能够提升校园的审美品位，还能使就业创业的理念如春风化雨般深入人心。

（4）构建就业创业实践教育体系。将就业创业导向的社会实践活动深度融入教学规划之中，实现理论与实践的紧密衔接。首先，学生需深刻理解就业创业实践活动的核心价值，意识到他们不仅是这一进程的积极参与者，更是成果的直接享有者，其个人成长与未来发展均将从中受益。其次，学校团委等相关部门应致力于建立健全就业创业社会实践活动的支撑体系与评估框架，确保各项活动能够有序、高效地开展，为学生提供实践平台与保障。再次，丰富就业创业实践活动的内涵，鼓励学生发挥主观能动性，积极探索与实践，尤其注重强化创业团队的组建与培养。这些团队应打破学科、年级乃至学院、学校的界限，汇聚多方智慧与资源，形成强大的合力，实现优势互补，以更加全面的视角和更强的综合实力应对就业创业的挑战与机遇。

（5）树立就业创业杰出典范。聚焦就业创业领域，深入挖掘并广泛传播杰出典范的故事与成就，彰显榜样的力量。一方面，鼓励就业创业典范亲临校园，与大学生面对面交流，通过他们的亲身经历与心路历程，让学生近距离感受成功背后的努力与坚持，从而获得宝贵的经验，激发自身就业创业的潜能与热情。另一方面，加大对就业创业典范事迹的深度挖掘与宣传力度，力求全面、生动地展现他们的奋斗足迹与卓越贡献，以此增强榜样对大学生的感召力与影响力，让榜样精神成为引领就业创业潮流的鲜明旗帜。通过这样的举措，不仅可以丰富就业创业教育的内涵与外延，还能在大学生心中播下追求卓越、勇于实践的种子。

第三章 大学生就业典范

1. 圆梦康复 为"一老一小"而奋斗

林晓涵，男，宁波卫生职业技术学院 2016 届康复治疗技术学专业毕业生，2019 年于温州医科大学本科毕业。林晓涵 2013 年第一次来到浙江，在宁波卫生职业技术学院求学，在校期间，他便利用课余时间从事幼儿园助教等工作，自己赚取生活费，积累幼儿管理经验，同时尝试创业。林晓涵于 2014 年在宁波市创办了一个羽毛球兴趣班，截至 2015 年底，学员已超过 50 名。他也曾获得宁波市大学生羽毛球锦标赛第三名的好成绩。

图 3-1 林晓涵

一、紧跟政策，家事国事天下事事事关心

曾经的林晓涵也没想过会从事儿科的工作，而是希望能往儿童体育/教育方向发展，并且也时刻为此而奋斗着。林晓涵于 2014 年在宁波市创办了一个羽毛球兴趣班，从一个学员开始到超过 50 个学员，从自己单独执教发展到有 3 名兼职教师，这便是他创业成绩的证明。林晓涵还十分关心时事，他每天一定会拿出时间来读书看报。他了解到我国的"一老一小"政策正在快速推进，于是，他毅然决然地放弃了羽毛球教练的工作，全心投入人才短缺的儿童康复科。那段时间，儿科的医生办公室里，他永远是最后一个下班的人，他不仅要

关心儿童的治疗问题，还要去解决儿童家属的心理问题。也正是这段经历，为他的下一段事业打下了坚实的基础。

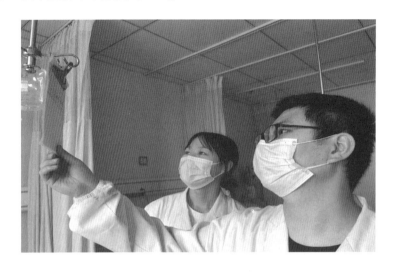

图 3-2　林晓涵巡视病房

二、老吾老以及人之老

和林晓涵认识的人大多都听他说过，他小时候是奶奶带大的，所以在林晓涵心里，奶奶的地位很高。他在儿童康复科工作的这么多年里，最心疼的就是带着患儿求医的奶奶们。他经常说，每次看到奶奶带着孙儿来治疗，就会想起自己的奶奶。2019 年，林晓涵加入了另一所正在规划中的医院，不仅担任了康复科主任的职务，同时也担任了该院的助理院长。他筹划的康复科中不但有儿科，还有一个老年康复科。他组建了宁波市第一个专门针对小儿骨外科康复的部门，还十分重视其他医院所没有的临终关怀科。

三、饮水思恩，回馈母校

在林晓涵的成长过程中，奶奶经常教导他要知恩图报，所以他做人做事不敢有半点马虎。在组建科室的过程中，他会时常回母校向曾经的老师虚心求教。在科室组建成功并相对稳定后，林晓涵第一时间向母校提出申请，希望能够回校担任兼职教师，将自己的奋斗故事讲给学生，将最新的专业理论和技术传授给学生，解答他们的疑惑和问题，帮助他们确立目标，勇往直前。

图 3-3　林晓涵关心老年人的伙食营养

四、回归儿童，专注儿童

在康复科的管理和治疗工作稳定之后，林晓涵知道一个人的力量过于弱小，所以在日常的管理当中，他开始注重人才的培养，将康复科交给年轻有为的新人去打理，而自己又投身于另一个领域——儿童医教。由于目前的儿童康复机构，不是偏医疗的康复中心，就是偏教育的特殊教育中心，针对这种情况，一个想法在他的心底悄然而生，那就是把教育和医疗整合起来。他牵头成立了宁波市星梦儿童康复教育中心，为全市特殊儿童提供了一个兼顾教育与医疗的功能齐全的康复中心，解决了家长长期以来的困扰，那就是想去学校上课就无法去医院治疗，想去医院治疗就不能去学校上课这个大难题。

图3-4　林晓涵为员工送上节日祝福

2. 学习康复技能　助力失能人员康复

蒋楠，男，宁波卫生职业技术学院2010届康复治疗技术专业毕业生。

2007年高考结束后，蒋楠在填写志愿时犯了愁。彼时，康复治疗技术专业在当时较为冷门，开办该专业的院校极少，相关招聘机会也少，在招生学长的推荐和自己对该专业了解之后，蒋楠选择了康复治疗技术专业。蒋楠相信，随着我国老龄化的加速、医保参保覆盖率的提高、全民康复理念的提升，康复治疗专业一定会发展得越来越好。

在校期间，蒋楠曾担任班级团支书，努力学习专业知识，去各大医院、机构实习，在班主任及各专业老师的认真教导下，其专业理论和技能都有了很大的

图3-5　蒋楠生活剪影

提升。蒋楠曾参加学校组织的各类技能大赛，并获得第四届学校康复治疗技能大赛之推拿大赛一等奖的好成绩。

实习期间，蒋楠带领组员努力学习各项康复技能，独立接诊患者，受到了老师和患者的好评。实习结束后，蒋楠在实习单位留任，之后由于个人原因来到宁波明州医院工作。

工作期间，蒋楠与院领导、科主任、同事相处和谐，工作努力，一步步成长为医院的领导干部，期间收到了很多患者的锦旗，这让他充满了成就感。蒋楠通过自身努力以及领导的支持与帮助，积极加入各类学术委员会，现任浙江省康复医学会委员、宁波市康复医学会委员。

图 3-6　蒋楠的各种获奖证书和聘书

3. 不忘初心　砥砺前行

郑玉敏，女，宁波卫生职业技术学院康复治疗技术专业 2009 届毕业生。4 年的康复治疗技术专业的学习，让郑玉敏对这一领域从朦胧了解发展到种下一颗要用康复治疗技术为生命保驾护航的爱心。2009 年毕业时，郑玉敏进入了宁波市海曙区西门望春社区卫生服务中心康复科工作，经过 3 年的努力与学习，进入宁波市江北区外滩街道社区卫生服务中心工作。

图 3-7　郑玉敏生活剪影

一、基层"逆行"，三次入驻隔离酒店

作为外滩街道社区卫生服务中心的一名年纪尚轻的康复治疗师，郑玉敏非常注重理论联系实际，并形成了乐于奉献、求真务实的工作作风。新冠疫情防

控期间，她三次入驻隔离酒店，每次工作都要离家半月有余，她同"战友们"一起奋斗，通宵安置来上海隔离的人员，她的工作也得到隔离人员和酒店工作人员的一致好评。

二、烈日当头，上门为老年人进行自理能力评估

2022 年的夏天，外滩街道社区卫生服务中心接到了省里下发的关于上门对生活困难老年人进行自理能力评估的工作任务，时间紧任务重，刚开完动员大会，郑玉敏和同事们就顶着烈日上门，一户户做起了评估调查。有人白天不在家，就晚上再上门。经过了一个多月的入户评估，她和同事提前并超额完成了任务。

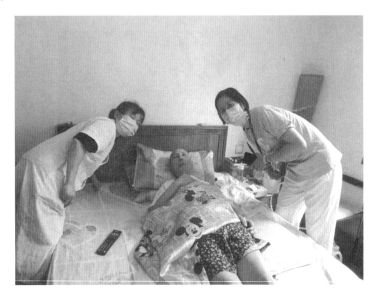

图 3-8　郑玉敏上门为生活困难老人开展自理能力评估

三、康复门诊，发挥专业特长

自入职以来，郑玉敏一直在康复门诊工作，在运用传统康复技术治疗患者的同时，也时时运用现代康复技术指导患者进行自我锻炼，加快患者恢复的进程。郑玉敏在业余时间也积极学习运动康复领域的新知识和新技术，为外滩街道社区卫生服务中心成功创建"省级康复示范站"打下坚实的基础。

图 3-9　郑玉敏为患者进行康复治疗

四、拜师学艺，提升技术，精益求精

　　郑玉敏于 2015 年 1 月至 12 月期间，被单位推举为江北区卫生计生系统师徒结对中的一名学员，师从宁波大学附属医学院康复科主任谢凯。在谢医生认真负责的带教下，她出色地完成了结业论文，被评为 2015 年度江北区卫生计生系统师徒结对优秀学员。

图 3-10　郑玉敏获得的多项荣誉

4. 让营养助力健康生活

项笑娜，女，中共党员，1991年4月出生，宁波卫生职业技术学院2013届医学营养专业毕业生。项笑娜在校期间担任校学生会副主席、健康服务与管理学院第一届学生会主席，组织了多场大型活动及比赛。在"宁波市百名骨干大学生下乡挂职"活动中，项笑娜挂职下应街道副书记，并获得"百名骨干大学生挂职优秀个人"称号。在浙江省第三届职业生涯规划大赛中荣获"十佳职业规划选手"称号，为学校在该项比赛中拿下第一个荣誉。此外，她还获得了校级奖学金、校级优秀毕业生等多项荣誉。

图3-11　项笑娜参加浙江省第三届职业生涯规划大赛

2012年12月，项笑娜进入浙江大学医学院附属第二医院临床营养科实习，2013年毕业后正式入职浙江大学医学院附属第二医院临床营养科，目前担任浙江大学医学院附属第二医院内分泌营养支部团书记、全国肥胖营养学组秘书、浙江省营养学会社区营养专业委员会委员兼秘书、浙江省医学会肿瘤营养与治疗学分会特医食品与肠内营养学组秘书、浙江长兴生道科技研究院院长助理等职务。

一、因为兴趣，所以热爱

项笑娜从小就热衷于研究厨艺，对食物充满兴趣，所以当她看到医学营养这个专业时，立马产生了浓厚的兴趣，毫不犹豫地选择了这个专业。虽然当时我国食品业的发展还停留在安全与卫生阶段，但她坚信在未来的日子里，随着时代的快速发展，人们对生活质量的要求会越来越高，"营养"这个词将深入人心，人们会越来越需要它，越来越关注它。营养可以贯穿疾病治疗的整个过程，缓解亚健康状态，帮助患者调整营养结构。

二、脚踏实地，从基础工作做起

项笑娜一直以来就是一个热心、细心并且充满正能量的人。实习期间，她每天到得很早，提前准备诊间，了解患者情况，从不迟到早退，工作认真负责。实习结束时，科主任希望她能留院工作，特向医院申请招人计划，但她实习的鄞州妇幼保健院的相关工作与她所学的营养专业有一定的距离，所以她放弃了能进医院工作的机会回到杭州。刚回到杭州，听闻浙江大学医学院附属第二医院临床营养科在招人，她立马带着简历去面试，大学期间取得的成果丰富了她的简历，她当场就得到了这份工作。

2012年的营养专业还处于起步阶段，刚入职时，项笑娜从事营养食堂中患者膳食的相关工作，如配制患者营养食谱、食谱录入、统计每餐各种疾病用餐人数、食堂检查、病房营养宣教。十年的营养食堂监管工作，让项笑娜对患者的饮食了然于心。

三、赶上好时代，撸起袖子加油干

2012年，由浙江大学医学院附属第二医院主办的首届钱江营养论坛在杭州召开，项笑娜负责会议的具体议程和安排。来自全省各地的"营养人"相聚在这里，共同探讨营养科规范化建设，小到将科室名称统一规定为"临床营养科"，大到营养诊疗制度的建设，如科室科工作制度、病人评估管理制度、营养评估及干预制度、医院膳食常规、门诊医师资格准入退出制度，都被提上日程。这个论坛一办就是11年，项笑娜也忙碌了11年。大会每年都设有营养病例演讲比赛、优秀食谱评比大赛、全国各地专家的授课等活动，为的是提高大家的临床诊疗水平、实操能力以及专业知识水平。

营养配餐、烹饪搭配是项笑娜的专长，每年的优秀食谱评比大赛都是由她牵头组织并担任评委。同时她也会分享各类人群的食谱设计与具体实施。

图 3-12　项笑娜担任优秀食谱评比大赛评委

四、学习专业知识，做一名合格的临床营养师

近年来，人们对营养愈发关注，医院营养科迎来了飞速发展。很多医院的营养科都开设了门诊，包括减肥营养专科门诊、肿瘤营养专科门诊、孕妇营养专科门诊、肌少症营养专科门诊、增重营养专科门诊等。经过几年的学习与总结，项笑娜在减肥方面有了一套自己的方法。她为本院员工举办了几场减肥宣讲活动，反响甚好，许多院内同事成了她的忠实粉丝。目前，她也在减肥营养专科门诊坐诊，患者不用打针，无需吃药，不必节食，跟着她的食谱吃饱吃好就可以，健康瘦身。另外，项笑娜还走进浙江大学医学院附属第二医院的直播间，借助网络的力量，传播科学减重的知识，让更多的肥胖患者受益。

图 3-13　项笑娜在减肥营养专科门诊坐诊

五、不忘初心，做一名有温度的医务工作者

作为医院内分泌营养支部的团支书，闲暇之余项笑娜也会参加医院志愿者工作，帮患者指路、挂号、取报告单等。在新冠疫情初期，作为党员，她第一时间写下请战书。2022 年 8 月，正直夏日，烈日炎炎，持续的高温也没有阻挡她的热情。项笑娜还主动申请了最辛苦的"扫楼"工作，穿着密不透风的防护服，戴着 N95 口罩，每天至少爬 200 层楼，上门为行动不便的老人测核酸。"扫楼"期间，当看到居民不合理的饮食搭配，她会忍不住为居民进行营养科普，指导他们进行健康的一日三餐营养搭配。

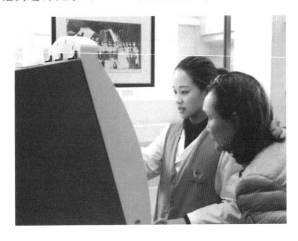

图 3-14　项笑娜参加志愿服务

5. 科学营养　健康生活

胡巧意，女，1988 年 9 月出生，宁波卫生职业技术学院 2010 届医学营养专业毕业生。在校期间，胡巧意担任班里的学习委员，专业成绩优异，各方面表现突出，连续两年获得二等奖学金，获得校优秀毕业生称号。2010 年，胡巧意进入象山县第一人民医院工作，历经 10 余年，目前为该医院营养科副主任、宁波市营养学会理事、宁波市营养学会临床营养分会委员、象山县营养质控中心主任。

一、做好自己的体型管理师

人生就如一个大舞台，我们每个人都是演员，扮演好自身的角色，才能有辉煌的成就。入学前，胡巧意本人是个体重 70 千克的女生，最初报考医学营养专业是为了探索美食。入学后，胡巧意学习了专业知识，了解了肥胖等问题对人体的危害，便开始了漫长的自我身材管理之路，总结了一套适合自身的减重方法。2009 年，胡巧意进入浙江大学诺特营养中心宁波分中心实习，经过了网络部、客服部、市场部等岗位的锻炼，她成了一名健康营养管理师，以专业营养知识为基础，结合自身减重经验，以热情饱满的工作作风，服务超重及肥胖人群，业绩遥遥领先，得到了该部门领导的好评，并建议其留岗。但胡巧意深知，其所学并不限于"减重"这一领域，于是谢绝了领导好意，转身报考了家乡医院营养科的岗位。

二、带领科室进入医院大家庭的视野

2010 年，胡巧意进入了象山县第一人民医院，此时该院正处于三级乙等医院创立之初，而营养科也正处于萌芽状态。胡巧意是该单位招收的第一位临床营养技师，经历了营养科从无到有的过程。

1. 萌芽起步期

在医院领导的支持下，在浙江大学医学院附属第二医院及宁波市第二医院营养科同仁的指导下，科室初见雏形。医院制定了营养科相关制度，拥有了标准化的独立肠内营养配置室、治疗膳食配置室、营养专科门诊及营养科办公室。在其他科室的帮助下，胡巧意关注患者的营养教育，开展了全院护理工作者的营养评估培训工作、全院临床医生工作者营养医嘱下达正确性培训工作，并于2011年顺利完成三级乙等综合性医院营养科的评审工作。2012年，象山县第一人民医院开始国际JCI认证医院的评审工作，对于营养科来说，这既是挑战，也是机遇。这一年，也是胡巧意崭露头角的一年，正逢科室老主任退休，胡巧意临危受命，努力改进营养科的不足之处，闯过了评审工作的道道关卡，最终得到了领导及同事们的肯定。

2. 提速发展期

2018年，胡巧意所在的科室进入了正常发展的轨道，接下来该向何处发展，如何让科室出彩，成了她及其科室要解决的关键问题。2018年5月，恰逢宁波营养学会理事会在母校成立，胡巧意以理事的身份参加了这次会议，也让她看到了希望。在此次会议中，相关企业关于健康减重产品的展示，给她留下了深刻的印象。回到医院后，胡巧意结合实习期的经验搜集相关减重循证，与科室伙伴讨论，制订了具有海岛地区膳食结构特色的减重方案，并在象山县的门户网站——中国象山港网站发布了一则免费减重招募公告："免费招募减肥志愿者！来吧，象山人民医院营养师带你减肥，带你飞！"第一期减重项目结束后，《象山报》发布了相关报导。2018年8月23日这一天，一位满头银发的老爷爷在医院食堂大厅找到胡巧意，手上拿着这张报纸，咨询减重事项。这让胡巧意意识到，只要迈出一步，就可能收获意想不到的结果。她坚信，不是因为希望所以坚持，是因为坚持看到了希望。

同时，胡巧意致力于公益医疗事业，提高营养科的社会影响力。2018年起，科室与象山县抗癌协会一起举办了"骨营养与健康"系列活动，以健康的生活方式、合理膳食、适量运动以及良好的生活习惯多维度保护骨骼，提高生活质量。在院领导的推动下，胡巧意与本院其他科室专家组成团队，多次下乡义诊，送健康入社区，参与宁波市科技协会"科普进社区"项目。同时，胡巧意还是象山县义工医疗组成员，哪里需要就去哪里。

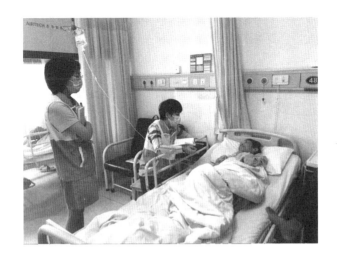

图 3-15 胡巧意开展临床营养指导

图 3-16 胡巧意下乡义诊

3. 稳步前进期

经过 5 年的快速发展，胡巧意致力于把营养科打造为精准营养诊疗中心，开发医院多学科联动发展的新模式。她想通过临床营养科的建设，成为宁波南部第一家涵盖营养门诊、宣传教学区、制备区的全方位、高标准、高水平的智能化营养中心，形成"学科带头人+实习基地"为一体的临床营养研究及人才培养体系，有效解决医院在治疗病患过程中因为营养失衡等导致的并发症。同时，胡巧意还牵头建立了集康复、营养诊疗和社区卫生、居家医养服务为一体的营养支持共享中心，为当地及周边医院营养科建设起到标杆及示范作用。另外，胡巧意还与母校合作，共同打造实习基地，培养具有实践经验的技能型营养人才，向各大特殊医用食品企业输送相关人才。

图 3-17 胡巧意开展培训

6. 扎根基层沃土　淬炼青春本色

　　周卓箐，女，1997 年 5 月出生，宁波卫生职业技术学院 2019 届健康管理专业毕业生。扎根在基层卫生的主战场，周卓箐展现了新时代年轻人的拼劲：有条不紊地进行新冠疫苗接种登记、为社区里的老人进行健康宣讲、为城乡妇女进行"两癌"筛查、化身科普博主进行健康知识的科普并撰文发布在公众号上……无数琐碎的工作正是周卓箐真实的工作写照。在宁波市鄞州区首南街道社区卫生服务中心工作至今，她用扎实的专业技能，描绘出青春最亮丽的底色。

图 3-18　周卓箐工作剪影

一、争做"宣传员"，彰显青春的力量

　　2019 年从宁波卫生职业技术学院毕业后，凭借实习期间的优秀表现，周卓箐入职宁波市鄞州区首南街道社区卫生服务中心并工作至今。新冠疫情初期，紧张、焦虑乃至恐慌的情绪四下蔓延。如何缓解隔离人员的心理压力，疏导辖区居民的紧张情绪，是打赢疫情防控阻击战的关键之一。如何充分利用现有资源和信息化手段，为一线医务人员和广大群众服务呢？在领导的支持和帮助下，周卓箐利用休息时间，整理素材，经过数个夜晚的录制和剪辑，一条用

于放松身心的音频诞生了。这份足不出户就能享受到的心理健康服务，通过微博、微信群和朋友圈广泛传播，像一颗摇曳的蒲公英种子，覆盖了辖区内 20 余万居民。令她没有想到的是，音频的反响很好，传播效果也很不错。"这个音频很棒呀，小姑娘的声音听着让人觉得很放松。"来自和众社区的张阿姨夸赞道。

这件事情让周卓箐备受鼓舞，小小的举动通过网络媒体的传播，迸发出巨大的正能量。再多做些这样小小的举动吧！于是，在接下来的时间里，周卓箐利用医院微信公众号传递科学防疫知识和医院最新防疫动态。为了深入挖掘、生动记录医护人员的事迹，她辗转各个疫情防控点，常常一待就是一天。为了做出更优质的作品，她自学视频剪辑技巧，日复一日地精进自己技术。她利用业余时间，制作了近 20 个短视频，用语言传递疫情中的暖意，用镜头诉说奉献者的爱心。

二、争当"螺丝钉"，擦亮青春的底色

在宁波市鄞州区首南街道社区卫生服务中心工作期间，周卓箐作为一名综合办科员，日常工作量多且繁杂。她全身心投入疫情防控中，确保信息传达通畅，及时收集有关素材编写稿件；协助做好核酸采样、隔离点消毒工作，企业复工防疫指导，驻校助学健康指导工作等。

2020 年 8 月，周卓箐积极报名参与防疫工作。200 余名境外归国人员来到酒店集中医学观察点，她事无巨细地询问既往病史，测量体温，帮忙办理入住手续，引导隔离人员进入隔离区，填写入住健康信息登记表、医学观察记录表，安抚隔离人员情绪并做政策解释。宁波夏季最高气温达到 38℃，她穿着防护服，戴着 N95 口罩、手套及护目镜，汗水浸湿衣服，她开玩笑说："一天要洗三次澡，快洗脱皮啦。"

三、勇做"追梦人"，描绘青春的姿态

作为一名基层工作人员、业余新媒体编辑，在关键时刻，周卓箐主动请缨，克服困难，毫不犹豫地冲锋在疫情防控一线。她利用业余时间，制作了近 20 个短视频进行健康宣传，介绍防疫技巧。2020 年，周卓箐自制的科普短视频作品《植物蛋白营养》在"2020 中国健康科普大赛"的营养健康主题中荣获优秀奖；2022 年，获浙江省疾控"气候变化与健康"环境健康宣教科普材料三等奖；2021 年，获鄞州区卫健局"鄞卫有你·责任蓝"视频大赛优秀奖。

2022 年，在由宁波市人力资源和社会保障局主办的宁波市"大学生就业

之星"评选活动中，周卓箐被评选为 2021 年度"宁波市大学生就业之星"。在职工年度考核民主投票中，周卓箐连续三年（2020～2022）被评定为"优秀"等级。为了提高自己的综合素质，提升为人民服务的本领，在工作期间，周卓箐不断深造，取得了社会工作者职业资格证书，通过了市档案管理岗位考试，并完成了成人本科继续教育。她以年轻有力的姿态，深深扎根基层的土壤，绽放出青春最绚烂的花朵。

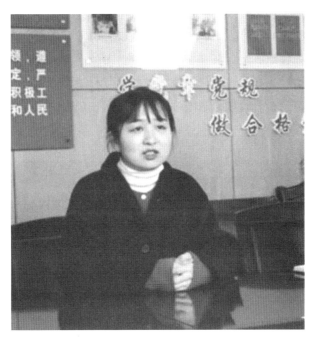

图 3-19　周卓箐在"宁波市大学生就业之星"评选考察座谈现场

7. 敢于有梦　勇于追梦　勤于圆梦

肖璐璐，女，1995 年 9 月出生，宁波卫生职业技术学院 2016 届健康管理专业毕业生。她用专科生到研究生的蜕变致敬青春，她用研究生到人民教师的转变诠释青春，她用人民教师到美好生活创造者的质变不负青春。在青春之路上，她释放激情敢于有梦，她怀揣理想勇于追梦，她披荆斩棘勤于圆梦，牢牢把握住人生学习的黄金时期，不断丰富学识，增长见识，从而在竞争激烈的时代中赢得主动、赢得位置、赢得未来。

一、扬帆再出发，在"坚定信念、把稳方向"中擦亮"创梦之心"

2016 年 6 月，与毕业时恐慌迷茫的心情不同的是，当时的肖璐璐已成功通过统招专升本考试，被杭州师范大学录取，即将踏上一段新的求学之路。谈起为什么要专升本时肖璐璐说，如果不专升本，她"混"完这三年大学，就会回到家乡，按部就班地过父母安排好的人生，但她不想要这种生活，她反感自己什么都不去做就等待结果的无力感以及无所适从的茫然，更讨厌因学历而被贴上"无能"的标签。她想去更广阔的天地看看，想和更优秀的人在一起，看更多的书，学习更多的知识。

2018 年 6 月，肖璐璐花了一天的时间就下定决心准备研究生入学考试。从那天开始，她四处搜集考研信息，给自己制订学习计划，每天五点半起床，晚上十二点睡觉，除了一日三餐，剩下的所有时间都倾注在学习上，坐在杭州师范大学图书馆的角落里，看着太阳冉冉升起，再看着夕阳洒播苍穹，最后直至夜幕降临、繁星点点才离开。这段漫长又单调的日子，肖璐璐从春始坚持到了冬末。在这期间，她要兼顾专业课程、期末考试、毕业论文以及消化失望、无力、怀疑等种种负面情绪，但是当拿到浙江师范大学研究生录取通知书时，肖璐璐庆幸在每个关键节点，自己没有后退、没有认输，依旧勇于实践和尝试，勇于接受各种挑战，勇于打破陈规，不断突破自我、完善自我。

图 3-20　肖璐璐参加课题总结研讨会

二、扬帆再出发，在"脚踏实地、躬身实践"中点亮"逐梦之光"

2020 年 6 月，作为应届毕业生，肖璐璐开启了求职之路。历经数年的苦读，每位毕业生都希望一踏出校门，就能找到心仪的工作，肖璐璐也不例外。但这一年，应届毕业生人数达到历年之最，有些岗位甚至出现了上百人竞争的情况。这一年，新冠疫情席卷而来，线下招聘被按下暂停键。"高学历意味着好工作"的固有观念也被残酷的现实给击碎，肖璐璐求职屡次失利，她感到十分挫败。最后她发现，打败自己的往往不是客观困难，而是自身的怀疑、抱怨与无知。所幸的是，她正视了自己的不足和缺点，及时进行了总结反思，同时，她也坦然接受自己的平凡，但一刻也未放弃过努力。半年内，肖璐璐参加了数十场招聘考试，穿梭了数百公里，练习了数千道招聘试题。事虽难，做则必成。最后，她在统一公开招聘考试中以总分第一的优异成绩被浙江东方职业技术学院录取，目前从事职业技术教育发展和党建研究建设工作。

静得下心，才能守得住目标；沉得住气，才能持续发力。随着从学校到职场的转变，肖璐璐坚信，以笃志力行的心态，做持久不懈的努力，不质疑自己的付出，让失败的经历成为一种累积，一种沉淀，它们会默默为你铺路。

三、扬帆再出发，在"厚植情怀、勇立潮头"中照亮"圆梦之姿"

2023 年，在进入高校工作的第三个年头，作为教育工作者，肖璐璐始终保持工作的韧劲，主动走出舒适区，保持创造力，在工作中不断取得新突破，在创新创造中闯出新天地。肖璐璐被评选为疫情防控先进个人，被推选为第二届教代会代表，对学校教职工关注的重点工作履行监督职责；同时，她还积极参与课题研究，转化科创成果。

船的力量在帆上，人的力量在心上。心怀追梦之志，实干就有了不竭动力。肖璐璐清楚地认识到，物质条件的改善并不是奋斗的唯一目标，精神生活、综合能力、社会贡献都应该是人生的追求。有奋斗、有创造、有贡献的人生，才是有意义、有价值的人生。未来，肖璐璐也将立足高校工作，在新时代中宣告自己的青春理想。

最后，她借用霍金的一段话，与宁波卫生职业技术学院的学弟学妹们共勉："做时间的旅行者，向着未来航行。未来是否繁花似锦，源自我们当下之努力。做一个勇敢的人，做一个好奇的人，做一个坚定的人，翻山越岭，事竟成。"

8. 爱驻夕阳　奉献青春投身养老产业

图 3-21　楼凯在 2020 年度学生荣誉表彰大会上发言

　　楼凯，男，1998 年 12 月出生，宁波卫生职业技术学院 2020 届老年保健与管理专业毕业生。在校期间，楼凯在各方面表现突出，曾获国家励志奖学金、浙江省政府奖学金以及浙江省第七届职业院校"挑战杯"创新创效竞赛特等奖、第十一届浙江省大学生职业生涯规划大赛一等奖、宁波市大学生励志标兵、宁波市"向上向善好青年"等荣誉称号。在校期间，他参加养老志愿服务 124 次，服务长者 2144 人次。2019 年 7 月，楼凯进入上海慧享福养老服务有限公司实习，目前已正式入职该单位，担任助理站长。2020 年，在第三届"闪亮的日子——青春该有的模样"大学生就业创业人物事迹征集活动中，楼凯成功入选大学生就业创业典型事迹，成为全国大学生基层就业典型人物。

一、另类"逆行"，放弃假期坚守服务岗位

　　作为一名预备党员，楼凯非常注重理论联系实际，并形成了乐于奉献、求真务实的工作作风。自 2019 年 7 月开始实习，楼凯经过了照护师、康复师、护士、销售、助理站长等一系列岗位的锻炼，凭借出色的养老服务技能和不辞

辛苦、甘于奉献的精神得到了单位的高度认可。2020 年春节假期，园区因为新冠疫情关闭，作为预备党员和助理站长的楼凯主动放弃了春节休假，以"逆行"姿态心甘情愿地坚守岗位，为老人们服务了一个多月。

那段时间里，作为助理站长的楼凯每天都会想方设法地消除老人们的恐慌，通过为他们提供贴心的服务，缓解他们的思家之情。此外，他每天都会主动加班，24 小时不间断地协助排查可能出现的疫情风险，经常在小小的园区里一天行走 20000 多步。

楼凯在疫情防控期间，牺牲春节假期，坚守岗位为老人们服务，真正体现了一名预备党员为人民服务、无私奉献的精神，他的事迹也得到了"浙江在线"等媒体的报道。

二、爱驻夕阳，不辞辛苦投身养老服务事业

楼凯在疫情防控期间心系老人的暖心表现是其一直以来专心于养老服务事业的缩影。楼凯从小由奶奶一手带大，因此长大后也喜欢陪伴老人。曾经有一位他所服务的阿尔茨海默病患者称赞了他，这让他难以忘怀。他在自己的朋友圈写道："让我特别想把这份事业做下去的一点，就是有爱，我们的爱不仅可以帮助自己的奶奶，帮助亲人，也可以帮助更多的老人，更多的家庭。一个人负重前行，一个家庭负重前行，不如我们携手，为爱同行！"

图 3-22　楼凯获得第十一届浙江省大学生职业生涯规划大赛一等奖

此外，在学校老师的指导下，楼凯参加了与养老服务相关主题的各类比赛，获得了包括浙江省第七届职业院校"挑战杯"创新创效竞赛特等奖、第十一届浙江省大学生职业生涯规划大赛一等奖在内的多个奖项。他还取"拾取初心，助老圆梦"之意创办了"拾圆"老年用品精选店，希望通过专业知识为客户选取最合适的养老用品。

三、向上向善，以坚强笑对生活中的困难

在楼凯的成长过程中，他没有父母的陪伴，家庭情况也非常困难。面对生活的艰难，他没有退缩，反而用非常坚强、励志的奋斗成长为青春之书写下闪亮的一笔。

在校期间，他不仅狠抓专业学习，各科成绩名列前茅，还担任健康服务与管理学院团总支副书记、班级团支书，在为广大同学服务的同时，也提高了自身的综合素养。他带领广大团员积极进取，荣获"宁波市五四红旗团总支"荣誉称号。作为学"习"小组组长，楼凯带领全体成员在余姚横坎头村进行大学生暑期社会实践活动，得到《浙江教育报》《宁波晚报》《现代金报》等多家媒体的广泛报道。他负责的"青春伴夕阳"志愿服务项目在 2018 年全国高校陪伴实践活动中荣获最佳组织奖，使我校成为全国唯一一个获奖的高职院校。他主动参加全国技能大赛，锤炼自己的专业知识和技能，获 2019 年"人卫杯"全国职业院校老年保健与管理专业技能竞赛一等奖。

正如学校领导的评价，楼凯同学的成长经历值得每个人学习，而他在疫情防控期间的实际行动，更是充分阐述了"仁爱，健康"的校训精神，诠释了"敬佑生命，救死扶伤，甘于奉献，大爱无疆"的职业精神。

9. 让梦想成为现实　让现实超越梦想

邢茹婧，女，1998年3月出生，宁波卫生职业技术学院2019届老年保健专业毕业生。在校期间，邢茹婧在多方面表现突出，指导"爱驻夕阳"社团获2021年宁波市鄞州区新时代文明实践志愿服务项目大赛金奖、2021年宁波市新时代文明实践志愿服务项目大赛铜奖、2020年浙江省青年志愿服务项目大赛铜奖、2019和2022年宁波市新时代文明实践志愿服务项目大赛优秀奖、2019年校优秀志愿服务团队、2021年宁波市大中学生"双百双进"暑期社会实践表现突出团队等诸多荣誉。目前，邢茹婧已在九如城庄市综合为老服务中心任职助理院长。

图 3-23　邢茹婧

一、一心一意干实事，脚踏实地做工作

邢茹婧自工作以来认真负责、诚实守信，努力工作、吃苦耐劳，拥有善于发现并解决问题的能力。任职助理院长期间，邢茹婧全面负责机构的运行管理；确立中长期发展规划并制订相应的年度工作计划；采取相应措施，按期布置、深入检查、及时总结各项工作落实情况；分析处理服务中的各类投诉意见，及时预防、纠正，严防差错事故发生；推广标准化建设，提升服务品质；确保主要岗位的配置及人员资质与标准相符，满足机构的正常运行；加强教育培训工作，注重人才培养，组织落实考核、任免、奖惩等工作；加强财务管理制度，配合上级主管部门的审计检查；承担机构安全责任人的工作，全面落实防范措施，确保安全管理；组织制定并实施安全事故应急预案，定期研究、督导安全问题，及时如实向上级部门报告安全事故发生及处理情况等。

目前，邢茹婧工作开展顺利，其中包括组织并成功开展长者爱心送餐服务，受益者超过5千人次；以家庭养老照护床位为依托，为辖区内长者开展居

家养老服务，受益者超过 5 千人次；已为超过 100 位长者提供定期心理疏导；定期开展员工培训、人文关怀；定期开展老年社会工作服务，受益者超过 1 万人次。

邢茹婧凭借出色的工作能力和认真的工作态度，荣获公司"成长新秀"奖，并连续两年荣获公司"年度优秀员工"称号。

二、蕙质兰心，任劳任怨

图 3-24　邢茹婧主持活动

邢茹婧始终心系长者，她说："我是护理专业出身，原本打算在医院就业，但作为一名老年保健与管理专业的学生，在这几年工作的时间里，我接触到了不同性格、不同层次、不同生活阅历的长者，在这些经历的磨炼熏陶下，我改变了自己的就业方向并打算扎根养老行业，最大的原因是我真正感受到自己正在这份事业上实现自我价值。"

刚实习的时候，邢茹婧发现好几位中度失智的老人不愿意参加老年活动，每天把自己关在房间内对着窗户发呆，毫无生气。为此，她把在林婉玉老师的"老年活动策划与组织"课上学到的专业知识技能运用到老年活动中，设计了针对失智老人的音乐干预活动，成功吸引了这几位老人参与活动并有效改善了他们的精神状态。看到他们脸上久违的、发自内心的笑容，一股职业自豪感油然而生，邢茹婧开始意识到，或许养老行业才是最适合她的就业方向。

在工作的 3 年时间里，邢茹婧不断提升自己的专业技能，为老人提供更优质的服务，不断积累与老人相处的经验，不断加深对养老行业的理解，也因此获得了理想的工作职务和薪酬。现在她已经担任一家养老机构的助理院长，全面负责机构的运行管理工作。邢茹婧认为，这既得益于母校对她的培养、公司对她的信任，也得益于养老行业对青年人才的渴求。更重要的是，邢茹婧每天都在为老人的晚年幸福奉献自己的力量，她在养老行业真正实现了自己的职业理想。

同时，邢茹婧也希望通过自己的专业知识技能造福更多院外老人。得益于母校老年保健与管理专业"爱驻夕阳"社团，她得以把自身所学传授给学弟学妹，为超过1万人次的宁波本土老人提供了各类专业化的志愿服务。邢茹婧希望未来能吸引更多学弟妹和青年人才到养老行业就业，为养老队伍注入新活力，为更多长者提供更优质的服务。

三、拼搏奉献，知重负重攻坚克难

目前，邢茹婧兼任宁波卫生职业技术学院"爱驻夕阳"社团专业顾问以及宁波市鄞州区最佳志愿服务项目——"穿越人生旅程"慈溪区域负责人。自2019年担任"爱驻夕阳"社团专业顾问以来，她指导社团为超过1万人次的长者提供了各类敬老志愿服务，多次被《中国青年报》《中国教育报》《浙江教育报》《宁波通讯》《宁波晚报》等20余家媒体报道，获宁波市民政局和卫健委领导的认可，并获得多项荣誉。

邢茹婧的奉献，如一根火柴，燃亮一片天空；也似一朵浪花，在海洋中飞舞。身披一衣灿烂，心系一份执着，踏着奉献上路，踏出了一路风光。

图 3-25　邢茹婧生活剪影

10. 在路上

周秀静，男，宁波卫生职业技术学院 2022 届家政服务与管理专业学生。在校期间，周秀静在各方面表现突出，曾任公共服务与管理学院团总支副书记、班级团支书。曾获胡道林工作室奖学金以及宁波市大中专暑期社会实践优秀个人、温州市优秀团员、温州市优秀中职生、宁波卫生职业技术学院优秀团干部等多项荣誉。3 年的家政服务与管理专业的学习，让他对自己未来的发展从朦胧到清晰，2020 年 7 月实习时周秀静加入融创物业服务集团有限公司杭州分公司，毕业后一年内晋升为 HRBP 主管，成为千人区域公司招聘及培训工作的负责人。目前，周秀静任职德信盛全物业服务有限公司温州分公司招聘培训主管职位。

一、锚定目标，奋力前行

2019 年 7 月，周秀静前往广州为想互联网科技有限公司进行了为期 45 天的交流学习。交流学习使他的专业理论和技能水平更上一层楼，也使其定下了要成为一名企业培训师的职业目标。满怀着对家政行业的向往和热情，周秀静参加了第四届胡道林工作室学员的选拔，并有幸成功入选，光荣地成了第四届胡道林工作室的学员，在行业领军人物的指导下进行专业学习。作为胡道林工作室学员，周秀静积极参与各类家政相关实践活动，在学校和老师的就业指导下，周秀静正式步入职场。从实习岗位开始，周秀静就为自己定下了明确的职业发展路径，经历环境管理员、招聘助理、培训专员等岗位的锻炼，他充分了解行业，发掘自己的提升点、成长空间；业余不断充电，在提升自身专业知识和技能水平的同时将其转化运用到实践中。

二、时间管理，及时充电

作为一名企业培训师，自身的知识积累是开展培训工作的基础。周秀静充分将零碎的时间汇聚起来，不断自我充电，同时还报名了自考本科，进一步开阔眼界。周秀静将所学知识进行总结提炼，转化成培训员工专业知识和技能的"推动剂"，截止到目前，周秀静累计开展企业培训 50 余场次、培训人数 1000

余人、开发企业专项培训课程 10 余门。在日常的培训中，学员们都会亲切地称呼周秀静为"小周老师"，周秀静的课程被学员们公认为实用性强、专业性强、对口性强，并对其授课技巧赞不绝口。

图 3-26　周秀静学习和工作剪影

三、深入企业，带动就业

　　面对当下就业难的问题，周秀静心系母校。作为企业的招聘负责人，他积极推动校企合作，为学弟学妹们提供更多元化、更丰富的实习就业机会，截止到目前已累计为家政专业学生提供 30 多个实习与就业机会。在第三批学弟学妹入职融创之前，周秀静就开始策划，结合自身实习和就业经历，为学弟学妹们打造定制化、专项化、全周期的培养模式，促进学弟学妹们融入企业，实现身份的转变。另外，作为学长，他也是学弟学妹们实习道路上的引路人，学弟学妹们对于实习的不适应，周秀静一次一次与他们分析问题、发现问题、解决问题，多次与他们讨论到深夜，学弟学妹们表示，有学长在的企业就是好，有问题都能解决。通过一次次问题分析，学弟学妹们成长迅速，很多都成了公司的骨干力量。

11. 砥砺前行　不负韶光

图 3-27　应舒凯生活剪影

应舒凯，男，中共党员，宁波卫生职业技术学院 2018 届家政服务与管理专业毕业生。在校期间，应舒凯担任院学生会干部、班级的班委，这使他的组织能力、团体协作能力以及领导、组织协调能力得到了最大限度的发挥与锻炼，是老师的得力助手。应舒凯多次参与校级、院级活动，并取得相关荣誉。经过 3 年的学习实践，他愈发了解到家政行业是一个朝阳行业。2017 年，应舒凯进入浙江安健家政服务有限公司实习，经历公司养老院项目管理、政府购买居家养老服务投标项目、社区公益广场项目、社区活动策划项目、社区老年课堂项目、月子会所项目、文艺演出项目、职业培训项目的历练后，2020 年开始负责乐辅职业技能培训学校的工作以及公司日常行政管理、项目投标、文艺演出等工作。

一、在工作中学习并提升自我

应舒凯负责乐辅职业技能培训学校的工作后，愈发觉得要不断学习来提升自己。2018 年，应舒凯参加了浙江省人社厅高端家政服务人才培训项目家政师资培训班，并获得家政讲师资格证书。2022 年，应舒凯参加了宁波市技能人才评价机构内部质量督导员培训班、宁波市高技能人才金蓝领培养工程主题培训班。同时，应舒凯获 2020 年鄞州区病患基础护理技能大赛二等奖，2021 年鄞州区养老护理技能大赛二等奖，而且获得了多项职业技能等级证书：养老护理员技师（二级）、高级商业摄影师、高级电子商务师、高级互联网营销师、高级插花师等。

二、不忘初心，牢记使命

工作之外，应舒凯也是海曙区民政局、海曙区总工会、海曙区慈善总会的一名志愿者，积极参与公益志愿者活动、党员活动，为弱势群体送去自己的爱心。

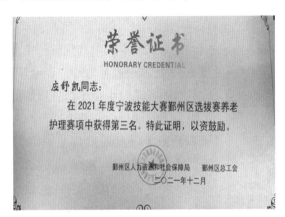

图 3-28　应舒凯获得的荣誉证书

同时，应舒凯多次参与"五送下乡"志愿者活动，跟随胡道林工作室慰问弱势群体，参与党员活动，慰问医院病人等。

在新冠疫情暴发后，应舒凯为各养老院募集物资、运送物资。2022 年 4 月宁波疫情防控期间，应舒凯到封控区做志愿者，并在社区做核酸检测志愿者。

三、举办比赛，让更多人拥有一技之长

应舒凯从事职业技能培训工作后，多次配合各部门举办职业技能比赛、职业技能培训班，让更多人拥有一技之长。同时，应舒凯利用手中的资源，联系相关公司，为通过考核的学员提供一份合适的工作。

人生在世，生命是根，身体是本；做人要方，做事需圆；能忍是聪，能让是明；遇难有勇，遇困靠谋；小事糊涂，大事清楚。成绩是属于过去的，明天的路还很长。祝福应舒凯，也祝福家政服务与管理的学子们在这个大家庭中走出不一样的辉煌之路。

第四章　大学生创业实践典范

1. 学习无止境　创业进行时

陈冬冬，男，宁波卫生职业技术学院 2023 届康复治疗技术专业毕业生。陈冬冬从事过队医的工作，利用中医针灸、推拿进行治疗。了解到自己的局限后，陈冬冬报名宁波卫生职业技术学院高职扩招班，进行系统的康复治疗的学习。后将在宁波卫生职业技术学院所学的知识应用到治疗中，患者反馈良好。

后期，因患者人数增加，康复治疗需求大，陈冬冬创办了名为"中康复健 Physio"的连锁工作室，目前 3 家工作室分别位于金华、永康、义乌。其主要服务对象为运动员、警察、消防员等，工作室年营业额连续 3 年达到 80～100 万元人民币。

一、创业初期

那年，陈冬冬 25 周岁，他的家庭也支持他创业。在对医院和市场进行不同角度的调查后，陈冬冬决定从原康复机构离职，于 2018 年在金华成立首家工作室。为了实现自己的康复创业梦，他大胆地迈出了第一步。

首家店的开业，必然离不开父母的支持。好在父母也非常支持陈冬冬干自己的事业。

创业初期，陈冬冬也遇到了资金不足、人手不够、客源少的问题，但是回想当初自己定下的目标，他决定用心做好眼下之事。陈冬冬觉得，用心面对患者才是自己最好的出路。度过了迷茫期，客户也逐渐增多，甚至有从宁波、杭

州、衢州等地寻到金华做康复治疗的。

就康复机构来说，患者的感受至关重要。陈冬冬也是因为掌握了这条规律，才使各个项目逐渐走上正轨。得到了患者的正向反馈，陈冬冬的康复思维也逐渐打开，结合线上线下的各种培训，他不断地总结治疗经验。

也是这段时间工作室收获了良好的口碑，为陈冬冬以后开拓当地的康复市场打下了良好的基础。在此期间，金华市公安局特聘陈冬冬为运动损伤专项教官，金华市运动体校也特聘他为运动队医，为运动员保障护航。

二、创业中期

经过3年的磨炼，工作室逐步走上了正轨，此时陈冬冬也愈发觉得自己的技术存在欠缺。在此期间，受人民医院陈渊医生的影响，陈冬冬了解到，面对运动损伤，应该结合局部与整体去治疗，这样效果会更明显。同年，陈冬冬跟随陈渊学习，为他的中医针灸治疗打下了良好的基础。

也正是因为局部结合整体的治疗方案，3年后工作室的客流量大增。同年，陈冬冬被宁波卫生职业技术学院开设的康复治疗技术高职扩招班顺利录取，实现了他就读康复治疗技术专业的愿望。

随着慕名而来的人越来越多，2020年和2022年，陈冬冬分别在永康及义乌开了分店，利用在宁波卫生职业技术学院学习的康复治疗专业知识及团队优势，工作室与金华市体育局、永康市体育局等单位对接，获得了良好口碑。

三、如今情况

任何行业都需要工匠精神，不是要开100家店，而是要开一家百年老店，这也坚定了陈冬冬在这个行业走下去的信念。

目前，陈冬冬的3家工作室每日接待患者50至60人，累计服务患者2万余人次，积累了行业经验，队伍也得到了成长。陈冬冬的工作室在当地得到了认可，患者的转介绍量日益增加。

陈冬冬在带领团队成长的同时也没有忘记积极学习康复技能和康复领域的新知识，他们在运动赛事保障、作业治疗领域等均有收获。

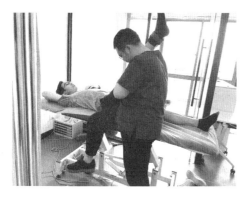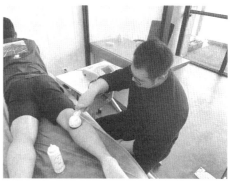

图 4-1 陈冬冬为患者进行康复治疗

2. 做康复得快乐　快乐无价

图4-2　唐玉清

唐玉清，男，1995年11月出生，宁波卫生职业技术学院2023届康复治疗技术专业毕业生。在校期间，唐玉清认真学习，积极向上，因为每次都能在治疗患者后收获快乐，所以在他心里早就决定，将康复治疗作为一生都要坚持的事业。抱着这份信念，唐玉清多次外出学习康复治疗技术，不断深造。

28岁的唐玉清是湖南冷水江人，父亲是国企工作人员。家中世代练武，所以会一些正骨手艺，唐玉清从小耳濡目染，对正骨按摩有非常大的兴趣，在宁波卫生职业技术学院学习以来，在老师的悉心教导下，他对人体结构更加了解，对于康复治疗的操作理念更加明确。为了获得更多的康复治疗经验，唐玉清在杭州滨江区开设了自己的康复治疗工作室——唐氏骨雕，以肌骨系统的疼痛治疗为主，运用按摩手法以及超声波等物理治疗仪器，解决患者的疼痛问题。在此过程中唐玉清发现，每次治好一个患者，他都是从心里感激，这一点是用多少金钱都买不到的。于是，他更加坚定了在这一专业深造的决心。前几年，唐玉清把所赚的钱都花在了学习上，甚至因为要学习，经常半个月不营业，就算亏损他也要学习更好的技术，用来治疗相信他的患者。

过程是艰辛的。唐玉清还记得最初那几年他经常痛哭：为什么花了这么多钱学习了先进的技术，还是有看不好的患者，还是有反复发作的患者。有时候他经常因为一个患者的问题解决不了而失眠好几天。这个过程非常煎熬，又要思考患者的问题，又要考虑客源的问题，还有来自经营的压力。但是，又有很多患者给了唐玉清信心，很多人在他这里得到了康复。

随着他的知识面越来越广、经验越来越丰富，这个艰苦的时期总算过去了，患者的满意度越来越高，唐玉清自己也不再迷茫，明确地知道哪些治疗方式效果好。唐玉清自己也有了一套区别于其他治疗师的治疗思路，他开设了培训班传授经验，目前已开设了八期。

　　唐玉清心里也非常感谢自己的母校——宁波卫生职业技术学院，是母校给了他创业的资格和底气，是母校奠定了唐玉清的专业基础。在最难的时候，是母校的老师给了他信心，他将带着母校的嘱托不断前行。

3. 奋斗点亮青春　责任担当未来

图 4-3　钱晨杰

钱晨杰，男，宁波卫生职业技术学院康复治疗技术专业 2017 届毕业生。5 年的康复治疗技术专业的学习使钱晨杰心里种下了一颗要用康复治疗技术为健康保驾护航、做新时代康复卫士的种子。2017 年毕业时，钱晨杰进入了海宁市第四人民医院工作，但是为了心中的那颗种子，他辞去"铁饭碗"工作，去追求自己的灿烂人生，最终踏上了创业之路。钱晨杰在创业初期选择了运动康复为主要方向，经过 5 年的发展，钱晨杰现担任宁波璞元康复科技集团有限公司副总经理兼市场主管一职，目前在宁波鄞州区、镇海区等拥有 6 家店面，年营业额达到 800 余万元。

一、萌芽期：追逐梦想，敢拼敢闯

年仅 27 岁的钱晨杰是浙江嘉兴人。其父亲是从事建筑装潢的个体工商户，在他小时候，父亲就告诉他做人要有梦想，要有坚持不懈的精神。朋友们、同学们评价他是一个"有想法、能吃苦、有恒心"的小伙子。5 年康复治疗技术专业的学习让他深深喜欢上了这个领域，2017 年毕业后钱晨杰进入海宁市第四人民医院，但是其所在医院当时尚未成立独立的康复科室，在医院工作期间不能充分发挥其专业特长，他内心埋下的那粒种子在不断地生长。他要创业，去实现自己的梦想。在父亲的支持下，他联合志同道合的创业伙伴走上了创业之路，成立了运动康复工作室。

二、初创期：千锤百炼，砥砺前行

创业初期，钱晨杰经历了资金短缺、人手不足、技术不扎实等重重困难。

钱晨杰自己去找投资人、开拓市场、寻找客源、招聘员工，解决了遇到的一个个难题。回首走过的路和付出的汗水，钱晨杰觉得很值。在工作室遇到困难时，学校负责创业工作的老师了解到情况后，第一时间向钱晨杰伸出了援手。根据学校对创新创业学生的优惠政策给予了场地支持，并减免其水电费，钱晨杰由此在宁波卫生职业技术学院后街开设了第一家运动康复工作室。学校康复专业的老师经常到现场指导，使其逐渐打开了市场。每天夜深人静时，钱晨杰都会详细记录每位顾客的情况，跟踪康复动态，根据每位顾客的情况做个性化的治疗干预方案。在店休的日子里，钱晨杰参加各地的专题培训，不断提升自己的专业技能与素养。

三、成熟期：不忘初心，反哺社会

（1）宝剑锋从磨砺出。2018 年钱晨杰参加米兰整骨班学习深造，并组建了自己的运动康复团队，同年他建立了璞元医养，看准市场机遇，公司从小儿推拿、成人推拿、健身房等相关业态着手，开展运动康复宣教，使大众树立运动康复理念。其间，钱晨杰联合运动机构合作开展运动赛事保障方面的业务，通过这一途径打开市场，获客引流，并通过收购健身房，进行客户的吸收转化，使公司一步一步壮大。2019 年公司更名为璞元康复，员工规模达 40 余人，其中一家店面成为浙江省首家以运动康复命名的诊所。接着，钱晨杰利用专业、团队优势积极与宁波篮球协会、宁波足球协会、宁波高尔夫协会等机构对接合作、开展业务，至今保障服务各项赛事 1500 余场，营业额达 250 余万元。

（2）公益服务暖人心。为了回馈社会，钱晨杰积极组织公司员工每周去社区开展颈肩腰腿痛义诊志愿服务活动，帮社区里长期存在健康问题的居民解决关节疼痛问题，累计组织了 50 余场志愿服务活动，累计服务社区居民 1200人次。这一举动得到社区和街道的认可，2019 年钱晨杰被镇海区骆驼街道授予"十大最美青年志愿者"荣誉称号。同年，钱晨杰带领公司员工每周四去云龙镇养老院开展义诊服务，给 50 余位老人诊治、按摩，教他们做简单的放松操以及使用简单的康复器具。同时，钱晨杰带队在九龙湖马拉松赛事中设置医疗点，开展赛前热身指导、赛中受伤紧急处理、赛后恢复放松的保障工作，圆满完成各项任务，受到参赛选手的好评。2020 年，公司承接鄞州区残联协会残疾人康复服务项目，每周上门为 30 余名残疾人做康复训练。在业余时间，钱晨杰还走进基层公安队伍，开展常见损伤疾病的康复宣教活动，传授基本的康复训练知识。此外，钱晨杰还积极开展"走进消防战士"义诊项目，走进消防大队为消防战士解决伤痛和职业病问题。同时，他还协助优化消防大队的训练科目和计划，防止消防员出现运动损伤，服务消防 2600 余人次，这一项目也得到了行业认可，被纳入职业消防健康体系并签署协议，使公司成为消防员的长期保障单位，为他们训练、比武、赛事等各项活动保驾护航。

图 4-4　钱晨杰获得的荣誉证书

　　在取得成绩的同时，钱晨杰也不忘充电，积极学习运动康复领域的新知识和新技术，担任了宁波市运动康复专委会委员、宁波市健康管理协会副会长、宁波市体育产业联合会理事等服务，并积极参与中国保健行业规范标准化的建立工作。

　　（3）吃水不忘挖井人。在取得一项项成绩、一项项荣誉后，钱晨杰没有忘记创业初期母校给予他的帮助，没有忘记老师给予他的指导。每年的招聘季，钱晨杰都积极主动地到学校宣讲，招聘优秀的学弟学妹。钱晨杰作为校友，在每年的新生始业教育时现身说法，积极地为新生们讲解康复治疗背后的故事，向他们介绍在校期间课程学习的重要性以及学什么、怎么学，鼓励他们珍惜学习的机会，练就本领、掌握技能。钱晨杰作为校外创业指导教师，通过自己的参赛经历，鼓励新生抓住机会，多多参加各类创新创业比赛，在这个过程中综合运用自己所学，拓宽思路，发现不足。同时，钱晨杰在业余时间指导在校学弟学妹参加各级各类创新创业比赛，所指导的学生曾获得 2021 年浙江省"互联网+"大学生创新创业大赛铜奖、2021 年浙江省挑战杯比赛二等奖的好成绩。

　　2021 年，钱晨杰的创业点滴被《宁波通讯》报道。畅想未来，健康中国需要每一位康复人的参与，钱晨杰的创业经历也鼓舞着学弟学妹们要掌握扎实的专业技能，同时要树立远大的理想目标，将"小我"融入"大我"，用奋斗点亮青春，用责任担当未来。

图 4-5　钱晨杰为社区老年人做康复训练示范

4. 乐在其中　凡事可成

图 4-6　刘凡凡生活剪影

刘凡凡，男，1992 年 7 月出生，宁波卫生职业技术学院 2015 届康复治疗技术毕业生。1992 年出生的他，在运动康复这个领域已经摸爬滚打近 10 年了。作为国家二级运动员，刘凡凡练习田径 11 年，但因为伤病问题没有取得特别好的成绩，之后放弃了职业运动员这条道路。于是，刘凡凡选择了康复治疗这个专业。从运动员到"康复师傅"，他只希望相同的遗憾不再重演。

毕业后，刘凡凡在邵逸夫医院工作了一段时间，但当年国内的运动康复治疗大部分还停留在针灸、推拿等传统的中医治疗上，医院里大多针对的是老年人的偏瘫康复治疗。当时这种情况与刘凡凡理解的康复运动还是有较大出入。

刘凡凡觉得他和大多数"90 后"一样，总是不安于现状，总是希望能够充分发挥自身所学，展现自我。所以他辞掉了医院稳定的工作，前往中国台湾进修骨科物理治疗，后在萧山第一人民医院工作了一段时间，尽管已经有门诊科室可以让他自由发挥，但是治疗人群依旧以老年人为主，这让他有了想开一家属于自己的专业运动康复机构的想法和决心。

一、"扣篮帝"返赛，自己最成功的一次"战役"

与大多创业者一样，创业的道路上，从来都不是一帆风顺。受限于资金、人脉、资源等因素，刘凡凡的创业起点只是一个 40 平方米的车库。那时候，青涩的刘凡凡在创业之初遭受最大的质疑就是，年纪这么轻，运动康复的经验真的够吗？

因不善推广宣传，刘凡凡的创业之路困难重重，但是他始终相信治疗效果才是最好的口碑。逐渐积累的口碑让刘凡凡取得了不少成就。特别是 2016 年帮助杭州"扣篮帝"陈登星再次重返赛场，拿下各种荣誉，成为他十分信任的康复治疗师，陈登星在 2016 年遭受严重的膝关节半月板损伤，当时，几乎所有医生都建议他手术以及放弃扣篮动作。刘凡凡始终相信，从运动康复的角度，陈登星的损伤还是可以恢复的，后期陈登星的恢复效果也印证了刘凡凡的想法。通过刘凡凡的治疗，陈登星重返赛场，这也让他们成为并肩作战的伙伴。

二、做好每件小事，坚持梦想，不改初衷

曾是运动员的刘凡凡，深知运动员对身体护理的需求。这些年来，刘凡凡为各大联赛的球员做过保障和治疗，慢慢积累了大赛经验，也收到了许多患者满意的反馈。

相对于普通患者，刘凡凡更乐于为运动员治疗，帮助他们延续职业生涯，这让刘凡凡很有成就感。近几年，国内的体育运动氛围逐渐浓厚，爱运动的人慢慢多了起来，相应地，因为运动受伤的人也在增多。但是值得高兴的是，大家对康复运动的认识也越来越全面。希望在"刘凡凡"们的努力下，康复治疗领域可以变得越来越好。

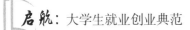

5. 青春领航创业　康复塑造未来

徐旭斌，男，宁波卫生职业技术学院康复治疗技术专业 2014 届毕业生。2014 年毕业时，徐旭斌收到了浙江省康复医疗中心（原杭州慈爱康复医院）的入职通知，但结合自己的人生规划，他选择了回家乡扎根，发展康复事业。徐旭斌刚来兰溪登胜骨康医院时，这里还没有真正意义上的康复科。徐旭斌从零开始，创建团队，以肌骨疼痛、运动损伤康复为主攻方向。经过 9 年的发展，徐旭斌担任了兰溪登胜骨康医院物理治疗中心主任，并于 2022 年创立了臻理运动康复工作室。

一、路必择而蹈

现年 29 岁的徐旭斌是浙江兰溪人，受家庭的影响，徐旭斌对学医有着满腔热忱。在校学习 5 年康复治疗技术专业后，徐旭斌面临选择工作的问题，当时还在浙江省立同德医院实习的他，收到了杭州慈爱康复医院的入职通知书，他知道在这重要的十字路口，是时候要决定接下来的道路和方向了。是留在大城市拼搏还是回家发展？最终，徐旭斌选择了后者。

从无到有，徐旭斌刚来兰溪登胜骨康医院的康复科时，这里只有一间房间给患者做针灸推拿等治疗，面对场地不足和医生对康复治疗的不了解，他没有放弃，积极与院内医生交流沟通康复治疗的手段和优势，哪些病症适合康复治疗，如何能用康复技术更好地服务于大众，从而帮助病患提高生活质量。随着口碑的积累、病患量的增长，康复科逐步扩大了规模。

在建设和发展科室的同时，徐旭斌还不断学习提高自身专业技术，获得了多项专业技术认证。

二、人必择而交

求学路上，徐旭斌遇到了一群志同道合、亦师亦友的前辈们，他们来自五湖四海，在康复专业之路上，给予他许多建设性意见和帮助。

2015 年前后，随着我国人民对生活质量和身心健康要求的提高，社会各界对康复产业的需求也越发迫切，进而对康复从业者的从业人数、职业能力和就业平台提出了更高的要求。徐旭斌与朋友们一拍即合，成立了悟理志聊研究院，他也正式走上了讲师的道路。很长一段时间里，他不是在医院看诊，就是在培训的路上，也因此结识了国内许多优秀的康复治疗师和康复创业者，同时他也萌生了要做一家以肌骨物理治疗和孕产康复结合的运动康复机构。

图 4-7　徐旭斌在浙江省物理医学与康复学学术年会上分享

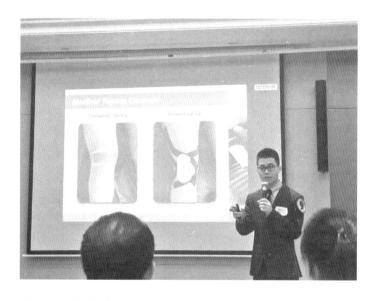

图 4-8　徐旭斌在 2018 年浙江省康复治疗师病例汇报大赛上演讲

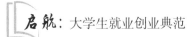

三、继续深耕，不忘初心

随着兰溪登胜骨康医院物理治疗中心的稳步发展，徐旭斌还积极组织治疗团队成员去社区开展颈肩腰腿痛义诊志愿服务活动，帮助社区长期存在健康问题的居民解决关节疼痛等问题，将康复治疗技术带到家庭之中，同时也帮助了部分不方便去就诊的患者。

同时，在各大运动赛事中，徐旭斌也积极提供医疗保障，在杭州马拉松、徒步越野等赛事中开展赛前热身指导、赛中受伤紧急处理、赛后恢复放松的保障工作，圆满完成各项任务，受到参赛选手的好评。

在2022年浙江省第十七届运动会中，徐旭斌带领兰溪登胜骨康医院运动康复团队深入赛场，为运动员保驾护航。根据运动员的比赛项目、发力部位、健康状况个性化制订治疗方案，采用筋膜手法和拉伸放松、贴扎等方式帮助运动员进行防护和训练恢复。徐旭斌带领的运动康复团队以专业素养和卓越疗效得到了运动员团队的广泛认同和一致赞扬。

在取得成绩的同时，徐旭斌也不忘充电，积极学习康复领域的新知识和新技术，成为中国康复医疗机构联盟康复治疗专业委员、UPTA联合物理治疗师协会委员、浙江省医学会物理医学与康复学会物理治疗专业组委员、华人肌骨物理治疗协会讲师，参与编辑了"康复治疗师工作指南丛书"之《贴扎治疗技术》，配合学校老师拍摄教育部康复治疗技术专业教学资源库"软组织贴扎技术"课程视频。

四、新起点，新征程

从突破自己开始，突破自己的谨小慎微，突破自己的观望不前。在兼顾医院科室、培训的同时，徐旭斌在2022年再次踏上创业的征程，创办了臻理运动康复工作室，以更高的标准和服务面向对康复有需求的人群。对于康复的热情，对于专业技术的执着，驱使着徐旭斌在康复道路上越走越远。

6. 以另一种身份支持康复事业

图4-9　陈阳生活剪影

陈阳，男，1987年2月生，宁波卫生职业技术学院2009届康复治疗技术专业毕业生。陈阳至今已有15年的工作经历，目前在北京一家做医疗器械的公司负责浙江、上海等地的业务，同时自己创办了一家以康复服务为核心的公司，年营业额达到600余万元。

2009年毕业时，本来立志要在医院从事做康复治疗师的陈阳，因为很多医院并没有对康复这个专业的需求，求职遇到困难。后来在学校老师的引荐下，来到杭州一家企业参与医疗器械的销售工作。接下来的两年，陈阳没有从事康复相关的工作，原以为专业知识没有了用处，但后来公司看到了康复产业的发展前景，又恰逢2012年浙江省公布了医院等级建设的要求，大力支持康复产业。当时很多企业都不知道如何开展康复产业，这对于陈阳来说却是一个很好的机会，可以为康复科提供科室建设的指导，还能为人员技术的提升提供优质的服务内容。2012到2018年期间，陈阳为400余家医院提供相关的康复业务。在这6年的时间里，陈阳见证了康复科室的发展。

随着康复科室的发展趋于成熟稳定，陈阳发现之前的销售模式已经不能满足康复科室的需求了，2018年，为了追求更高的平台，陈阳来到了北京一家从事全国康复事业的公司，担任浙江省的区域负责人，从而打开了以技术服务为核心的康复事业，这让陈阳有了更大的提升、更宽的眼界。同时，陈阳也发现了治疗师对于技术的提升十分迫切了，因此在2018到2022年，陈阳组织了各种沙龙、学术会议、技能培训班，就是为了培养治疗师的专业化技能，提升康复治疗技术。

虽然毕业之后陈阳没有成为一名医务工作者，没有为病人提供过相关的康复医学服务，但却以另一种身份为康复这份事业提供了支持。这是陈阳觉得很荣幸的事情。

图 4-10   陈阳介绍康复医疗设备

7. 奋斗！趁青春

图 4-11 俞史浩生活剪影

俞史浩，男，宁波卫生职业技术学院 2021 届医学营养专业毕业生。还记得最初学习这个专业的时候，俞史浩感觉很充实，正像专业课老师们讲得那样，这是一个可以受益终生的专业。健康的饮食习惯，规律的生活作息，乐观的心态，都融入了俞史浩的日常生活。在校期间，在老师和同学的帮助下，俞史浩取得了多项荣誉，省政府奖学金、校级一等奖学金、校级二等奖学金、新生奖学金、校级三好学生、专业职业技能比赛一等奖等。近年来，均衡膳食、饮食营养丰富的理念更加深入人心。也是在实习的过程中，俞史浩内心慢慢萌发了要做一个可以影响大众饮食的创业项目。

一、梦想启航

2020～2021 年，在选择实习单位时，俞史浩选择了杭州市民中心的营养小屋，在这期间他结识了前来做研究生课题的朋友。两人在日常实习工作中不断探讨低脂低卡餐品的研发与烹饪。半年的实习期，他们贡献了千余名市民中心干部职工的营养指导和饮食干预工作，发现了大众对健康餐的迫切需求，也让他们有了改善现阶段大众对健康饮食低认知的想法。因为都没有过创业的经历，于是他们选择了较为稳妥的加盟形式，学习了解如何经营餐饮店铺。2021 年 8 月 1 日，俞史浩与合伙人创办的暖柠轻食泽怀广场店正式营业。

二、风雨兼程

对于初入社会的毕业生来说，经营好一家餐饮店是一个不小的挑战。起初，为了让更多的人知道这个轻食项目，俞史浩不仅通过线上方式投递推送店铺的内容和开业活动，还起早贪黑地在大街小巷及各个写字楼中向潜在顾客介绍他们的产品和活动。功夫不负有心人，开业伊始俞史浩取得了不错的成果。为了增加产品的竞争力，俞史浩与合伙人不断联系原料供应商，在成本更低的情况下，采购品质相同的原料。平时制作餐品时，俞史浩也会注重食品的卫生、美观、口感等问题，因此广受顾客的好评。

遇到恶意差评的顾客，俞史浩也会耐心引导，对接顾客需求，做好售后服务。对于有体重管理要求的顾客，俞史浩还建立了减脂训练营群，在给顾客做好个性化营养指导后，给予他们阶段性的套餐调整，以便于顾客更好地突破减脂瓶颈，做到健康科学地减脂。期间，通过朋友的介绍，俞史浩还与合伙人展开了对外的团餐制作。

图 4-12　暖柠轻食便当

三、再出发

轻食沙拉因其生食的性质，所以存在淡旺季，冬季轻食的需求量会大大降低。俞史浩与合伙人在思虑良久后准备创新，建立自己的健康餐品牌——六日轻食。在有了一年半的店铺经营管理经验后，建立一个全新的店铺，二人已经轻车熟路。2022 年下半年，俞史浩与合伙人考虑后决定将自营品牌店铺建立在杭州下沙，前后花费 2 个月时间做好了店铺的选址装修、品牌设计、线上平台建设、包材食材订购等工作。店铺终于在 2023 年 2 月 15 日正式营业。由于是第一次做自营品牌，所以俞史浩与合伙人花了不少精力在推广上，除了在各个校园周边进行宣传外，还推出了"霸王餐"活动来吸引更多的关注。独特的餐食确实引起了良好的反响，结合专业所学，六日轻食的套餐丰富多样，在低卡套餐内加入了多种叶菜、菌菇类、豆制品等作为套餐的基底食材，通过简单的焯水调味，再加上风味各异的自选酱汁，起到了低脂营养和美味的平衡。

图 4-13　六日轻食产品（部分套餐）

　　近 50 位顾客用餐后都表示，"原来减脂餐也可以吃得这么享受，和自己之前吃的轻食差别很大。之前感觉是在吃草，你们做得很不一样，食材搭配得科学合理，而且性价比高，对于学生和上班族很有吸引力，一定会卖得很火爆。"有了大家的一致好评，俞史浩与合伙人更加坚定了创新的方向。

四、展望未来

　　专业的人做专业的事。在做好当下门店的同时，也会开始做对外加盟。选好原料，为品牌形象考虑，做真正有影响力的健康低脂餐食。

8. 新时代的"农创客"

图4-14　朱佳怡

朱佳怡，宁波卫生职业技术学院2022届健康管理专业毕业生。

每逢假期，台州市仙居县都会被来自五湖四海的游客挤"爆"。这个被网友称为"神仙居住地"的绝美小镇，一直吸引着无数旅行者。然而，仙居县的魅力不仅是美丽的风景，还有其深厚的历史文化积淀，以及各闻名遐迩的仙居杨梅。

朱佳怡就是来自仙居县的一名"00后"，目前是浙江工商大学工商管理专业的大四学生。说起来，她也算是一名"梅二代"了：朱佳怡的父母一辈子守着杨梅山，几百株杨梅是家里的主要收入来源。"每到杨梅季，我就特别心疼爸妈，每天忙到半夜，休息不了几小时又要上山了。"在朱佳的怡印象中，父母和周围的梅农一样，围着杨梅辛劳了一辈子。

渐渐长大后，朱佳怡凭借着敏锐的互联网思维，发现了传统杨梅产业存在的诸多问题。

"仙居杨梅的传统包装以及销售就是最好的模式吗？"

"包装好老土啊，盒子上非得印着几颗杨梅吗？"

"只是通过传统的销售渠道，不能换个方法卖吗？"

……

朱佳怡对于杨梅有更多的奇思妙想。

其实很早之前，朱佳怡就开始参与家里的杨梅销售了，"我和我表姐一起，开始为附近的梅农考虑杨梅的新出路"。

图 4-15　仙居杨梅新包装

首先要解决的是杨梅的"形象"问题。"我邀请了不少美术设计专业的好友，以'杨梅宝宝'为主题，以本地特色景点'石新郎''石新娘'为背景，设计了一系列可爱有趣的文旅形象，使得仙居杨梅更具象化。"朱佳怡甚至还把这十几个相关的形象做成微信表情包进行推广。"大家在用微信聊天的时候，时不时会用到我们的表情包，这能让杨梅的形象在潜移默化中深入人心。"

其次，是杨梅的包装问题，朱佳怡进行了大刀阔斧的改革，新的包装更加灵活多变，也更能吸引年轻消费者。

图 4-16　仙居杨梅名片

此外，朱佳怡还着手升级销售模式，设计了一批杨梅名片。杨梅名片的使用更加灵活和人性化，"顾客通过扫码进入小程序，不仅可以直接兑换杨梅，更能兑换其他仙居农产品，以及当地旅游景点的门票，让顾客有了更多的选择空间。"朱佳怡表示，这些杨梅名片的有效期是永久的，也就是说，消费者如果今年不需要杨梅，以后再来兑换杨梅也都是可以的。如果不想吃杨梅，就换成仙居的大米和面条。"这样做的目的就是把杨梅销售的时间线拉长，让资金的回流渠道更灵活。"

当然，在打造杨梅新品牌、寻找新出路的同时，朱佳怡还参与了家乡其他农产品的推广。

"别看我是'00后'，但我的身体里充满了能量。"朱佳怡表示，自己立志当一名"农创客"，等大学毕业后，就扎根家乡，为父老乡亲们服务，让仙居杨梅和各类农产品可以走得更好、更远。

9. 扬梦想之帆 开创业之路

王玮，男，1982 年 10 月出生，舟山普陀人，中共党员，宁波卫生职业技术学院 2022 届老年保健与管理专业毕业生。现任舟山市爱比家政服务有限公司总经理、十月叁生健康管理有限公司总经理、舟山初识网络科技有限公司董事长。

一、艰辛创业路，奋进再扬帆

图 4-17 王玮工作照

作为一名优秀的共产党员，王玮时刻以共产党员的标准严格要求自己，始终把"勤勤恳恳工作，清清白白做人，规规矩矩做事"作为自己为人处世的信条。2006 年，王玮退伍，开始了打工生活。2013 年，王玮回乡自主创业，经过多方考察，他选择了传统家政业，并积累了一定的行业经验。

经过近一年的经营，王玮发现相较于上海、宁波等城市，舟山市的母婴护理服务行业存在人员紧缺、服务理念落后、技术水平低下、收费混乱等情况。王玮果断抓住良机，于 2015 年 5 月成立了舟山市爱比家政服务有限公司，提供优质母婴护理服务，成为舟山首家集培训、服务于一体的员工制新型家政服务企业。

爱比家政服务有限公司成立后，坚持完善数字化管理体系、人员招募体系、客户反馈体系和市场运营体系，通过数字化手段提升公司管理效率，为客户提供精准、优质的母婴护理服务，现已成为舟山市最大的母婴护理服务供应商。

二、千淘万漉虽辛苦，吹尽狂沙始到金

爱比家政服务有限公司成立至今，先后入驻舟山医院、舟山市妇幼保健院、浙江普陀医院、东大康复医院、上海瑞金医院舟山分院、东部战区海军医院6家产科平台和护工平台，院方与客户均对公司表示认可。公司在与各大医院的合作中积累了丰富的专业经验，展示了强大的专业优势，2020年6月，公司成功获批浙江省职业技能等级认定试点单位，成为舟山市家政业首家自主发证的单位。2021年2月，公司成功获批浙江省职业技能等级认定社会培训评价组织。

除了积极开拓新的服务市场，王玮还注重母婴护理服务的后续跟进，开设了母婴生活馆、健康管理室等动机，通过专业的护理手法、配套的辅助汤剂和先进的设备仪器为新手妈妈提供更好、更优质的产后恢复服务。

同时，王玮还不忘将数字化信息化引入公司，成立了舟山初识网络科技有限公司，主要从事线上服务销售，联合十月叁生母婴平台，整合舟山地区现有母婴商家资源，把传统的月嫂派出模式搬到了线上，实现无纸化办公，后台统一管理，真正做到了传统家政行业的数字化转型。

三、助人为乐热心肠，甘于奉献胸怀广

2019年7月，舟山普陀军创园的军创联盟成立，王玮深知退役军人创业的艰辛，为帮助那些曾经和他一样迷茫困惑的退伍军人和军嫂们，他主动加入军创联盟，成为军创联盟志愿团队的创业导师。

作为导师，他积极学习各类创业知识，了解国内外的成功创业案例，结合实际分析总结自身的创业理论，参加各类讲座和分享会，为有志自主创业的退伍军人和军嫂们进行创业辅导，随时随地为他们解决各类问题，同时分享自己的创业经验和心得，让大家少走弯路。发现好的项目或是想到好的点子，王玮都不吝与退伍军人和军嫂们进行分享和探讨。在王志的无私帮助下，军创园10余个退伍军人的创业项目在各级创新创业大赛中获奖。

同时，王玮还担任园区创业企业支部的党支部书记，积极发动党员参与全国文明城市创建、疫情防控、抗台抢险等工作，引导军创企业履行社会责任、实现自身价值。

四、荣誉加身，当之无愧

真正的成功者总是敢于挑战自我，不断进取，探索更高的目标。至今，王玮所获的荣誉已数不胜数。

2019 年 4 月，获舟山市"最美舟山人——第六届优秀青年"荣誉称号。

2020 年 5 月，获舟山市首届"建行杯"退役军人创业创新大赛三等奖。

2020 年 7 月，获舟山群岛新区第七届创新创业大赛三等奖。

2021 年 2 月，被评为普陀区 2020 年度退役军人"创业之星"。

2021 年 7 月，被评为普陀区优秀共产党员。

2021 年 7 月，被舟山市人力资源和社会保障局聘请为舟山市创业导师。

2021 年 11 月，被浙江省退役军人事务厅聘请为退役军人就业创业导师。

2021 年 11 月，获浙江省第二届"建行杯"退役军人创业创新大赛三等奖。

2021 年 12 月，被舟山市退役军人局聘请为退役军人就业创业导师。

2021 年 12 月，被中共浙江省委退役军人事务工作领导小组授予"浙江省退役军人服务保障体系先进个人"称号。

创业之路困难重重，只有勇于攀登才能创造辉煌，王玮的坚持付出成就了自己的理想。

图 4-18　王玮工作剪影

第五章 大学生创业大赛典范

1.勇攀高峰 创新引领未来

图 5-1 罗斯瑜生活剪影

罗斯瑜,女,2002 年 4 月出生,中共党员,宁波卫生职业技术学院 2023 届康复治疗技术专业毕业生。在校期间,罗斯瑜获 2022 年度宁波市高校"优秀大学生"称号、浙江省第十三届"挑战杯"建设银行大学生创业计划竞赛金奖、"建行杯"第八届浙江省国际"互联网+"大学生创新创业大赛铜奖、第二届"A-PKU 校园杯"儿童康复教育职业技能大赛三等奖多项荣誉及 2020~2021 学年浙江省省政府奖学金、2021~2022 学年浙江省省政府奖学金、2020~2021 学年宁波卫生职业技术学院一等奖学金、2021~2022 学年宁波卫生职业技术学院特等奖学金。

一、每次挑战,都是成长的阶梯

"不畏浮云遮望眼,自缘身在最高层。"在罗斯瑜看来,参与各类创新创业大赛,就如同攀登一座座高峰,每一次都意味着视野的拓宽与能力的提升。即使未能摘得桂冠,那份宝贵的经历与挑战,也会让创业之路更加顺利。作为康复治疗技术专业的学生,罗斯瑜深知将专业知识转化为实践成果的重要性,而创业正是这样一个让梦想照进现实的舞台。

面对我国运动康复领域起步晚、市场缺口大的现状，罗斯瑜与团队决定成立宁波市宁垚健康管理有限公司，致力于打造一家集医疗、体育、康复于一体的专业运动赛事保障公司。他们的目标，是为运动员及运动爱好者提供全方位、高质量的康复服务，助力他们减少伤病困扰，提高成绩。

二、深耕细作，构建全方位服务体系

为了实现这一目标，罗斯瑜与团队成员深入调研市场需求，引进国际先进的康复技术与设备，并邀请多位行业专家为公司员工提供专业培训。同时，公司积极与体育组织、运动俱乐部建立合作关系，形成覆盖广泛的服务网络。从第十四届全运会到浙江省高尔夫球赛，他们的身影出现在各类赛事现场，为运动员们提供即时、有效的康复保障。

三、创新发展，引领行业未来

随着业务的不断拓展，宁波市宁垚健康管理有限公司已从一个专注于赛事康复保障的公司，成长为集赛事康复、门店康复服务、康复治疗技术培训于一体的综合性服务平台。公司在宁波、徐州等城市开设了 6 家门店，累计营业额超 600 万元，服务赛事超过 1500 场。他们坚信，持续的创新与不懈的努力，能够推动我国运动康复行业的快速发展，让更多人享受到运动带来的健康与快乐。

四、展望未来：全民运动的春天，共同见证

在全民健身政策的推动下，全民运动的春天已经到来。宁波市宁垚健康管理有限公司将继续秉承为运动健康护航的初心，致力于将自身打造成运动康复界具有影响力的康复服务公司，为全民健身事业贡献力量。

2. 全民营养好　健康中国梦

图 5-2　周可楠生活剪影

周可楠，女，2002 年 7 月出生，宁波卫生职业技术学院 2023 届医学营养专业毕业生。在校期间，周可楠参与了浙江大学公共卫生学院"营养健康农贸市场"项目，获"第四届老年营养配餐大赛"二等奖、2021宁波市临床营养技能比赛"膳食营养组"三等奖、医学营养第九届学生技能节配餐大赛三等奖、医学营养第九届学生技能节营养视频拍摄大赛团队一等奖等奖项，以及校三好学生、校优秀学生干部、2021 年宁波市大中学生"双百双进"暑期社会实践"表现突出个人"等荣誉称号。

一、项目简介

周可楠的创业项目以远洋船员为服务对象，针对停泊难、补给少，新鲜叶菜难以保存等问题，提供的以补充膳食营养元素为主的针对性服务。项目主要以膳食营养冲剂、船用智能种菜设备的开发为主。

二、缘起营养，心系渔民

在一次机缘巧合下，周可楠接触到了张志刚老师的海上菜园项目。当她第一次听说这个项目时，第一反应就是在船上怎么可能种出新鲜蔬菜呢？但是当她听到一个个案例时，才发现这是可以实现的。

在一次次的调研当中，周可楠看到了船员们的生活条件，也了解到大部分船员由于长期无法摄入新鲜蔬菜，都存在营养不良的问题，这在周可楠的心中留下了深刻的印象。

三、心有所想，一路前行

其实，当初周可楠并没有对这个项目抱有太高的期待，只是想试一下从未尝试过的事情，同时也对创新创业比赛十分好奇，于是周可楠就和同学一起组队报名。

没有任何经验，只有靠自己一步步地探索。萌生了一个小小的想法，周可楠就赶紧去网上查阅相关资料，又从资料中获取新的想法，靠着这样的坚持和不懈努力，最终形成了项目计划书。

对于周可楠来说，比赛结果固然重要，但过程更值得回味。

比赛教给她们的是不断创新、团队协作、坚持不懈，正是这些精神，让她在以后的人生道路上受益匪浅。

1. 用创新赢在起点

俗话说，万事开头难。要想在创新创业大赛中取得好成绩，就需要结合实际，能带来社会经济效益，才称得上是一个好项目。

怎样把改善船员的营养问题变成一个切切实实的项目，如何让这个项目给社会带来经济效益，这一系列的问题都要求团队打破传统观念。周可楠与同学发扬创新精神，用敏锐的洞察力和较强的决策能力，使"水手食舱"的整体设想落地。

2. 用协作赢在过程

一个成功的项目背后必然有一个强大的团队，团队就是这个项目的灵魂，它决定着项目的发展方向，甚至决定着项目的未来。

对于在校大学生来说，完成一个项目计划书较为困难，周可楠与同学们遇到了很多困难和挫折。计划书不仅要用到专业知识，还涉及金融、管理、经济等方面的内容，这都需要团队的力量。

周可楠与同学们相互交流，相互鼓励，当意见发生分歧时，不是坚持己见，而是静下心来仔细听对方的观点。当遇到重大难题时，她们一起面对，共同解决。团队协作精神带给周可楠极大的触动，她们这个团队一起经历风雨，一起经历成长，更收获了一份无法用金钱衡量的财富——友谊。

3. 用坚持赢在结果

面对一个全新的创业计划，困难是可想而知的。不论是创业背景，还是营销计划都需要字字推敲，句句斟酌。周可楠与同学们参考了大量资料，不断地选择、剔除、再选、再剔除，努力解决一个个难题。当一份70多页的计划书完整地呈现在面前时，周可楠看到了大家的笑脸与泪水。

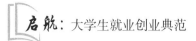

四、坚定信念，不懈奋斗

作为医学营养专业的学生，周可楠认为，普及科学健康的膳食模式，开展科学的食物教育十分必要。只有恰到好处的营养才是营养，未来，周可楠将发扬"仁爱健康"的校训精神，尽自己所能将营养知识带给更多需要帮助的人。

3. 如果梦想有捷径 这条路的名字一定叫坚持

王子悦，女，2001 年 11 月出生，宁波卫生职业技术学院 2023 届医学营养毕业生。在校期间，王子悦参与了浙江大学公共卫生学院"营养健康农贸市场"项目，项目团队曾获宁波卫生职业技术学院暑期社会实践表现突出团队。王子悦曾获第四届老年营养配餐大赛三等奖、医学营养第九届学生技能节配餐大赛二等奖以及优秀团员、优秀团干部等荣誉称号。

图 5-3 王子悦生活剪影

一、要有梦想，即使遥远

上了大学后，王子悦接触到了创新创业课程。学习完这门课程以后，她发现创业并不是一件容易的事。大学生创业也是一个不断探索的过程，在这个过程中会遇到很多的挫折和失败。

在一次机缘巧合下，王子悦参与了"营养护航，健康远洋"这个项目，了解到原来远洋船员的工作和生活条件是那么艰苦，健康问题也是十分严重。通过调研数据，项目团队发现远洋船员航海期间食物结构不合理，膳食不平衡，营养素的摄入量没有达到膳食平衡的要求。特别是在航海的后期阶段，纤维素、维生素、无机盐等与标准值相差较远，到了严重缺乏的程度。

项目团队想利用自己学习的营养知识，对远洋船员膳食营养结构进行分析，发现其日常膳食中缺乏的营养元素，为他们提供帮助，为浙江省乃至全国的远洋船员的健康保驾护航。

图 5-4　王子悦对当地居民开展调研

二、永不退缩，永远向前

从开始接触这个项目，到最后和项目成员一起完成计划书，一路走来，王子悦了解了之前距离她很遥远的海上工作，并从中学到了严谨的科研态度、坚韧不拔的钻研精神以及敢于创新的勇气。通过这个项目王子悦学到了很多书本上没有的知识。这是一次难得的经历，一次让她得到锻炼、得到成长的经历。

王子悦相信，相关研究会给远洋船员带来更好的帮助，保证远洋船员群体的营养摄入及其身体健康。

三、相信自己

王子悦认为，创业是一件充满挑战的事情，具有创业愿望的大学生能否走上成功的创业之路，与他们是否相信自己可以在激烈的挑战和竞争中胜出有着直接的关系。大学生实践创业是一个不断探索的过程，在这个过程中会遇到挫折和失败，所以，大学生是否自信、能否在挫折和失败中重新振作，对于创业能否成功至关重要。

在创新的过程中，王子悦最大的体会便是大大小小的阻碍和困难会不断地出现，同时还需要处理好方方面面、大大小小的问题。面对这些，王子悦认为，大学生必须要有毅力和信念，不畏艰难，一步一步地走下去；要有不怕吃苦、不怕累的创业精神和不怕失败、勇于实践的创业信念，只有这样才能取得成功。

"有志者，事竟成，破釜沉舟，百二秦关终属楚；苦心人，天不负，卧薪尝胆，三千越甲可吞吴。"作为新时代的大学生，王子悦认为，我们理应承担起作为时代"后浪"的使命。前进没有止境，我们未来可期。

图 5-5　王子悦工作照

4. 青春创业　幸福你我

图 5-6　齐晶生活剪影

齐晶，女，2000 年 9 月出生，宁波卫生职业技术学院 2023 届医学营养专业毕业生。在校期间，齐晶参与了浙江大学公共卫生学院"营养健康农贸市场"项目，还曾获国家励志奖学金、浙江省政府奖学金以及浙江省第十七届"挑战杯"大学生课外学术科技作品竞赛三等奖、第四届老年营养配餐大赛二等奖、宁波市采供血系统无偿献血科普宣教比赛三等奖、医学营养第十届学生技能节大赛和医学营养第九届学生技能节大赛一等奖等奖项，同时，她还获得了校三好学生、校优秀学生干部、"双百双进"暑期社会实践表现突出个人等荣誉。

一、梦之伊始

齐晶在校学习时偶然点了一份轻食外卖，她发现外卖平台的轻食偏向西式、冷餐，且膳食结构不太均衡，蔬菜偏少，主食偏多，款式也较为单一，味道仅靠胡椒汁等调味料调和，并且很容易变凉，而中国人的餐饮习惯更偏向于热餐或暖餐。在得知本专业学长俞史浩正在经营一家轻食店的情况下，齐晶萌发了做一家能够提供均衡营养且能为各类人群提供便利的轻食店的想法。

二、初之体验

该项目主要以白领、大学生及注重体重管理的人士为服务对象，针对他们因工作或学业繁忙无法花费时间在做饭上，选择了快餐后引起的饮食结构失衡的问题。外卖平台上多数店铺的餐食营养结构不够齐全，并且高油高盐，不仅无法满足人体的营养需要，还容易诱发"三高"等疾病。

该项目包括了个性化服务和高端定制服务。在个性化服务中，按食物种类自选的 DIY 形式让顾客拥有自主选择的空间，既满足了客户对健康的需求，又满足了客户对食物选择的自由。在高端定制服务中，齐晶与团队采用会员制度，对会员提供食谱定制、代加工、营养咨询指导等服务。

三、践行致远

在项目准备阶段，齐晶及其团队成员都能萌发出很多想法，他们一点一点地完善项目。在准备项目策划书的过程中，齐晶及其团队加强了对营养学理论知识的了解，更加明白营养对人体健康的重要性。但在将想法付诸行动时，他们发现了自身在营养餐制作方面的不足。这项比赛大大提升了团队凝聚力，在准备比赛的过程中，成员们一起找数据、准备资料、做市场调研，一起比较各种轻食外卖寻找灵感。

四、路在脚下

实习时齐晶选择了浙江大学公共卫生学院。在其驻点杭州市民中心营养小屋实习时，她学习了配餐、营养餐制作、各类人群营养咨询等。这些经历使齐晶对曾经做过的项目有了新的想法。

守护健康是营养人的骄傲。在"健康中国，营养先行"的号召下，为人民健康保驾护航也正是健康服务者的价值体现。在参加创新创业比赛和实习的过程中，齐晶遇到过很多对营养知识十分渴求的人，有人想要减重却用错方法，有人骨质疏松却不知从何补起，家里的老人或小孩需要进行饮食管理但缺乏相应的知识……这些时候，齐晶所学的知识能够帮助他们，这使她感受到了学以致用所带来的快乐与骄傲。

图 5-7　齐晶参加培训学习

图 5-8　齐晶为居民开展健康食粽宣教

5. 扬生命之帆 铺健康之路

王偲诗，女，2002年06月出生，宁波卫生职业技术学院2023届健康管理专业毕业生。在校期间，王偲诗坚持全面发展，曾荣获浙江省家政服务业产融合创新创业大赛二等奖、浙江省第十三届"挑战杯"建设银行大学生创业计划竞赛铜奖、"虹软杯"第15届中国大学生计算机设计大赛浙江省赛三等奖；同时获得校级优秀团员、优秀学生干部荣誉称号以及学业成绩优秀奖奖学金、创新创业优秀奖奖学金等荣誉。

图5-9 王偲诗生活剪影

一、探寻理想，扬帆起航

刚接触健康管理专业的王偲诗跟很多同学一样，对自己职业生涯规划尚不清晰。在专业老师的引领下，她加入了"生命之帆"健康管理社团，与学长学姐们一同前往公交站点休息室，为公交司机提供健康管理志愿服务。

认真学习专业课程的王偲诗，即使是第一次参与这样的活动，也能灵活地将课本知识应用于实践中。因此，她得到了老师、同学的肯定，获得了服务对象的信赖与支持。

志愿服务期间，王偲诗敏锐地察觉到很多公交司机都有吸烟的习惯，这增加了心脑血管疾病的发病风险。这一发现加重了她对公交司机健康状况的担忧。于是，她利用课余时间查阅了相关资料，咨询有关专家、老师，将搜集到的信息整合后与团队成员进行探讨并成立了"烟轻小站"项目团队。

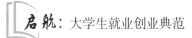

二、不驰于空想，不骛于虚声

王偲诗不忘初心，不断学习专业知识、强化专业技能，深夜的实训室里总有她练习操作的身影。这份努力为她日后的学习、工作奠定了良好的专业素质基础，同时也感染了其他团队成员。

三、以知为瓦，奋楫笃行

经过对公交司机群体的多轮问卷调查与健康监测和数据分析后，王偲诗与团队成员正式创立了具有可持续性的"烟轻小站——公交司机的控烟小助手"健康管理项目。

该项目由具有医药卫生类院校背景及健康管理专业的师生团队组成，与鄞州疾控中心合作，采用多措并举的方式，全程、全方位精准开展"多对一"线上线下健康管理服务，进行控烟指导、运动指导、健康评估与干预等个性化健康管理服务活动。

"烟轻小站"项目把小众、高端群体的健康管理服务推广到基层劳动人民中，让更多群众受益。

此外，王偲诗还带领学弟学妹们创立了荣获浙江省家政服务业产融合创新创业大赛二等奖的"智能陪护，爱不缺席——智能陪护机器人开启育儿新时代"项目，该项目改善了部分父母因忙于工作而忽视陪伴孩子的现状，也为孩子提供了健康、安全的成长环境。

四、行程万里，初心如一

当再次被问起职业生涯规划时，王偲诗坚定地表示："我很幸运能够成长在一个充满竞争和挑战，机遇与发展并存的年代。对于健康工作者这一身份，我热忱而又坚定。"

图 5-10　王偲诗参加健康管理服务活动

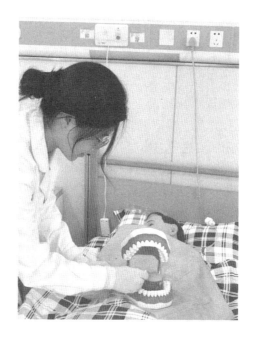

图 5-11　王偲诗在实训室里操作练习

6. 从青春起步　从创业开始

洪欣瑶，女，2002 年 5 月出生，宁波卫生职业技术学院 2023 届健康管理专业毕业生。在校期间，洪欣瑶在诸多方面表现突出，曾获浙江省首届家政服务业三等奖、宁波市"甬上乐业"大学生职业分析大赛三等奖、鄞州区新时代文明实践志愿服务优胜奖和校级新时代文明志愿服务三等奖等奖项，同时还获国家励志奖学金、学业成绩优秀奖、创新创业奖学金、优秀社团干部、优秀团员等荣誉称号。在校期间，她多次参加志愿服务活动，服务长者 300 人次。

图 5-12　洪欣瑶

作为一名中共预备党员，洪欣瑶非常注重理论结合实际，并形成了乐于助人、求真务实的工作作风。在校期间，洪欣瑶担任"生命之帆"健康管理专业社团的社长，曾多次组织社团成员进行志愿服务活动，将所学知识应用到实际中。她在一次次志愿服务老人的过程中，发现养老问题是一个巨大的挑战。那时，洪欣瑶的心中就已种下了一颗创业的种子。

面对老龄化加剧的现状，传统养老方式必然面临着医疗照护需求攀升、养老服务结构失衡等问题。随着人们对生活质量要求的提升，家政服务业正在迎来新的发展高度。

"数'智'青年，健康'管'家"是洪欣瑶和同学携手共创的项目，智慧家政建立在数字化基础上，是以现代信息技术全面运用为基础的新型家庭服务。因为其彻底打通了信息壁垒，有较强的目标导向性，服务目标灵活且精确，能够做到家政服务需求者与供给者的精准配对。例如，具有医疗背景的家政人员可以借助智能工具来检测老人的身体状况，如老年人专用智能手环，这些工具帮助家政人员提供更专业、有效、便捷的服务。同时，洪欣瑶团队也希望，借助"数'智'青年，健康'管'家"情景剧，来体现当下新型智慧数字健康家政的服务内容，以便提供高品质的健康家政服务。

图 5-13　洪欣瑶创业团队成员合影

　　洪欣瑶说，在创新创业比赛中她最大的收获是明白了团队合作的重要性，项目的开展需要团队合作交流，这不仅关系着项目进度快慢的问题，还关系着一个团队能否坚持到最后并取得一定的成绩。

7. 不断创新 勇于突破

图5-14 吕越儿参加学校创新创业大赛

吕越儿，女，2002年1月生，宁波卫生职业技术学院2023届老年保健与管理专业毕业生。吕越儿曾获得浙江省第十七届"挑战杯"大学生课外学术科技作品竞赛三等奖、宁波市"甬上乐业"大学生职业分析大赛二等奖、2020～2021学年宁波卫生职业技术学院校创新创业优秀奖，在校期间，她还获得2020～2021学年国家励志奖学金、2021～2022学年宁波卫生职业技术学院校二等奖学金以及2021～2022学年优秀学生干部、三好学生等奖项。

吕越儿大一时进入"双创班"，后成为项目主讲，她深知"志之所趋，无远弗届，穷山距海，不能限也"，因此在参加创新创业比赛的过程中注重锻炼自我演讲能力，从最初的不知所措到后来的侃侃而谈，在宽广的舞台上挖掘无限的潜能。在一次次的学习和磨炼下，她的思维活跃，步履不息。正是这样宝贵的机遇让她实现了自我突破和自我成长。进入老年保健与管理专业后，吕越儿了解到未来10年，我国将新增1.25亿老年人口，老龄化不断加剧，而我国老年人脑卒中患病率已达4.35%，患病率持续上升，且控制率低。我国老年脑卒中及其并发症患者平均寿命减少了25岁，发病率随着年龄的增加而上升，脑卒中疾病成为我国健康养老事业发展的一大阻碍。针对传统"互联网+"老年脑卒中非深度学习化的痛点，吕越儿所在的项目提出了基于大数据云计算和机器学习的"深度学习化"的解决方案，通过客户自身数据筛查去匹配每个老人的实际需求，面对复杂多样的实际情况，形成有针对性的方案，为中国养老事业贡献一份力量。

大学生创新创业是一个不断探索的过程，核心素养和个人能力是这一过程的核心。团队成员之间相互磨合，汲取经验，重振信心。吕越儿认为，要培养较强的沟通能力、善于思考的能力和保持专注的能力，最终才能实现自我全面发展，遇见更好的自己。吕越儿认为，创新精神最为可贵，几个志同道合的人聚在一起形成了团队，有着同样目标的队伍才能更好地发挥主观能动性，将自我价值最大化，找到最优解。在团队的磨合过程中，肯定会出现矛盾，这时通过不断拆分细化个人职责，汲取以往的经验，不断讨论协商并寻求指导老师的帮助，才能顺利完成项目。也正是这样的过程，锻炼了大家的能力，创新创业正在引领新时代青年完成蜕变。大学期间的参赛经历教会了吕越儿勤于思考、敢于创新、志坚不移，在这期间所培养的各种能力使她终身受益。

图 5-15　吕越儿创业团队成员合影

8. 德智体美　踏实创新

　　毛佑敏，女，2002年1月生，宁波卫生职业技术学院2023届老年保健与管理专业毕业生。在校期间，毛佑敏坚持"德智体美"全面发展，曾担任院级学生会文艺部部长及班级团支书一职。

图 5-16　毛佑敏生活剪影

图 5-17　毛佑敏获得的各项荣誉证书

一、德

作为一名预备党员，毛佑敏坚持理论与实际相结合，积极到中国共产党慈溪历史馆、宁波教育博物馆等多处红色基地进行参观学习。

作为一名老年保健与管理专业的学生，毛佑敏积极加入志愿服务团队，参与养老志愿服务活动 34 次。

作为院级学生会文艺部部长，毛佑敏对待工作一丝不苟，严肃认真。在职期间，毛佑敏负责组织并开展各类大小文艺活动 20 次。其中，校级线下大型活动 5 次，包括校级迎新晚会、毕业典礼的筹办等，获得老师和同学们的认可。

作为班级团支书，毛佑敏认真开展组织工作及支部团员管理工作，曾参加全国团干部培训并被评为优秀学员，多次获得校级优秀团干部和优秀学生干部等荣誉称号，其所在班级也被评为校级优良学风班级和活力团支部。

二、智

在校期间，毛佑敏的成绩稳定在班级前五名。她认真学习专业课程，考取了红十字会急救证、"1+X"失智老人照护资格证书、"1+X"失能老人照护证书、"1+X"医养个案资格证书、"1+X"康娱活动策划资格证书、养老护理员中级证书。与此同时，毛佑敏还积极参加与专业有关的活动与比赛，获得2021 年宁波卫生职业技术学院解剖绘图大赛二等奖，荣获校级学业成绩优秀奖学金两次。

同时，毛佑敏积极参加大学生创新创业活动，曾作为学生代表参加宁波市女大学生优创优业训练活动，获得过浙江省第十七届"挑战杯"大学生课外学术科技作品三等奖、浙江省首届家政服务业产教融合创新创业大赛一等奖、学校第六届"51 创"创新创业大赛二等奖及创新创业优秀团队奖。

图 5-18 毛佑敏在各级各类创新创业比赛中获得佳绩

三、体

毛佑敏在日常生活中坚持锻炼，各类体育运动都有所涉猎，曾代表学校参加宁波市第十届大学生田径运动会，获得女子400米第三名、女子200米第七名、女子4×100米第五名、女子4×400米第五名的好成绩。

在校期间，毛佑敏每学期体测成绩均在95分以上。毛佑敏获得过第16届校运动会女子100米亚军、校级体育嘉年华羽毛球男女混合双打第一名，曾作为优秀学生代表为同学们分享体育测试经验及方法技巧，并多次获得文体活动优秀奖学金。

图5-19　毛佑敏参加网球锻炼

四、美

课余时间，毛佑敏热衷于参加各类文艺活动及歌唱比赛，曾获得学校组织的"宁卫好声音"决赛最佳人气奖、"闪耀宁卫，星光有你"新生之星总决赛二等奖、"唱响母爱，知恩行孝"歌唱比赛二等奖。平时，毛佑敏还负责管理院级礼仪队及朗诵队的日常活动开展和节目编排工作。

图 5-20　毛佑敏参加文艺活动

　　毛佑敏一步一个脚印，脚踏实地，坚定前行；全面发展，充实自己，追求更大的进步。

9. 征途漫漫　奋斗者跃

徐鑫洁，女，2002 年 4 月出生，宁波卫生职业技术学院 2023 届家政服务与管理专业毕业生。在校期间，徐鑫洁曾获得浙江省"振兴杯"创新创效专项奖铜奖、宁波市家政服务职业技能比赛学生组一等奖等荣誉。

图 5-21　徐鑫洁生活剪影

通过调研，徐鑫洁清晰地认识到，我国人口老龄化态势严峻，相比其他国家，还面临着一些极为复杂的问题，主要表现为以下几个方面。

（1）老年人口绝对规模大，高龄、独居、失能和半失能等弱势老年人数量增加，养老需求巨大。

（2）人口老龄化发展速度快，增加了应对这一问题的紧迫性。

（3）我国面临着养老保障和医疗保障水平不高、养老服务投入不足、老人自身支付能力不强等问题。

（4）城乡发展不平衡，农村养老问题突出。由于农村年轻人大量流向城市，使得农村常住人口的老龄化高于城市，而且农村老人缺乏稳定的收入来源，老年贫困问题更为突出。

（5）家庭规模小型化，家庭养老功能弱化。家庭规模小型化直接导致其原本的代际支持、养老功能不断弱化。

在此背景下，我国提出了"积极老龄化"这一概念，指人到老年时，为了提高生活质量，使健康、参与和保障的机会尽可能获得最佳的过程。积极老龄化既适用于个体，也适用于群体，以"独立、参与、尊严、照料和自我实现"的原则为理论基础，为老龄化政策提供了全新视角。

浙江省作为"积极老龄化"的领头羊，力求使社会工作与社区相结合，从个体养老变为群体养老，使社区养老成为一种新趋势。在此基础上，利用社区的资源、人力，开展老年小课堂、手工兴趣小组及其他社区项目，目的在于使老年人能够充分发挥自己的潜能，按自己的需求、爱好、能力参与社会活动，并得到充分的保护、照料和保障，以保障其生活质量，提高生活水平。

围绕这一主题，徐鑫洁及其团队参加了创业大赛，这对她来说是一次成长的机会。因为她在大赛中的角色不仅仅是一名学生，更像是一位百折不挠的创业者，对"团队"这个词的理解也更加深刻了。这个过程很艰难，就像学走路一样，迈出的第一步总是紧张、彷徨的，但却是最有勇气的一步。不管是对徐鑫洁还是对团队来说，这个过程好比"愚公移山"，是对生理和心理的一种考验。

徐鑫洁说，要感谢指导老师，没有老师的指引，也不会有今天的成绩。这好比用一根绳子拉着团队成员们翻山越岭，他们没有放弃任何队员，同样的路走了很多遍，却始终像第一次走一样，充满热情、激情和信心。

10. 把握今日　挑战明天

董含钰，女，2002年4月1日生，宁波卫生职业技术学院2023届家政服务与管理专业毕业生。在校期间，董含钰曾入选第六届胡道林工作室成员，荣获校第六届"51创"创新创业大赛一等奖、校技能节基本救护技术技能赛三等奖、校首届"汇创青春"创新创业大赛三等奖、公共服务与管理学院2021年度"双百双进"暑期社会实践表

图5-22　董含钰生活剪影

现突出个人、浙江省第十三届"挑战杯"建设银行大学生创业计划竞赛铜奖等荣誉。

图5-23　董含钰工作照

"校西西"项目是2020年开始运营起来的，董含钰入学后，起初只是将其作为一份兼职，在工作的过程中，她逐渐对这个项目有了兴趣，深入了解后认为该项目可行性很强，刚好平台方也向她抛出了橄榄枝，邀请她成为平台创业合伙人，于是她就加入了该项目。"校西西"这个项目主要面向校内学生，目标是将每份外卖送至客户手中，简单来讲就是"人到人"的外卖平台。

在参与了多个创新创业比赛后，董含钰发现多数项目只是一个设想，真正

可以落地运行的项目十分稀少，而有些项目专业性很强，无法直接参与，可行的项目已经有了竞品，小众冷门的项目不管是盈利模式还是运行模式实都经不起推敲。创新创业大赛在董含钰的认知里是一个"百家争鸣"的地方，各式各样新奇的点子，各种各样的风险，没有人可以预测项目的结局。盈利点偏差、运营模式错误等很多问题都会影响项目最终的结果，能否落地、落地了是否盈利，都是未知的。创新创业大赛就是一个为创业选手提供技能展示的平台，参加过比赛的人可能被投资人看到。

董含钰说，她要加油，要一直在路上追赶。

图 5-24　董含钰获得的各项荣誉证书

第六章 创新创业大赛优秀项目展示

1. 护航科技项目——运动赛事康复保障"专家"

一、项目概况

宁波宁垚健康管理有限公司是一家"医疗、体育、康复"三位一体相融合的专业运动赛事康复保障公司，先后承担了第十四届全运会、浙江省高尔夫球赛等赛事的保障工作。目前，宁波宁垚健康管理有限公司已在宁波、徐州等城市开设了6家门店，累计营业额超600万元，服务各类赛事1500余场。其主营三大业务：赛事康复保障、门店康复服务、康复治疗技术培训三大板块；优势包括运动赛事康复保障标准流程、特有的"APTT"专业化服务、"骨干+专家"的核心团队、强大的合作伙伴。

二、项目背景

"十三五"时期，在党中央、国务院的坚强领导下，全民健身战略深入实施，全民运动澎湃发展，因此，运动康复市场需求剧增。然而，我国运动康复行业起步较晚，赛事康复保障发展落后于全民体育发展，市场缺口大。同时，国内康复保障团队技术水平有限，没有完善的技术体系；体育保障市场普及化水平较低，全民运动康复概念薄弱。基于此，公司产生了为运动赛事进行康复保障的想法，护航科技项目由此诞生。

三、核心技术

(一) 服务简介

护航科技项目主要包括运动赛事康复保障、门店康复服务、康复治疗技术培训三大板块。

(1) 运动赛事康复保障：第一，赛前综合性指导；第二，赛中应急性处理；第三，赛后恢复性调整。

(2) 门店康复服务：通过赛事保障等活动项目为线下门店导流客户群体，进行康复治疗、康复功能性训练服务。

(3) 康复治疗技术培训：开办各类技术性培训指导班，精细化招生。

(二) 竞争优势分析

1. 赛事保障+门店康复=全面康复

(1) 赛事康复保障：主要面向热门球类运动以及径赛的参与人群，如篮球、足球、高尔夫以及马拉松、越野赛。

(2) 运动赛事康复保障标准流程：①赛前热身指导："稳定""防护""激活"；②赛中应急处理："降温""固定""消肿"；③赛后恢复性调整："放松""康复""加强"。

2. 门店康复服务

"APTT"专业化康复主要针对社会上普遍存在的损伤、疾病、发育缺陷等问题，向需要长期康复的人群，提供一个专业、便捷的康复服务平台。

"A"（Assessment）：通过询问、检查、测量等多种方法，确定患者是否存在功能障碍，并对功能障碍的原因、种类、性质、部位、范围、严重程度、预后做出客观、准确的判断，同时形成障碍诊断。

"P"（Plan）：根据患者的实际情况与客观条件，制订切实可行的、综合的康复治疗方案。

"T"（Treatment）：运用专业康复技术手段，促使因损伤、疾病、发育缺陷等因素造成的身心功能障碍或残疾恢复正常或接近正常。

"T"（Track）：居家康复阶段，及时进行训练进展反馈，并定期接受随访。

3. 骨干＋专家＝精准康复

护航科技项目拥有核心管理团队，并且聘请业内专家进行指导。

4. 实力＋信任＝长期康复

向浙江省高尔夫球队、宁波市足球协会等 14 家协会及机构提供运动赛事康复保障服务，达成长期合作。

四、应用案例

公司为浙江省高尔夫球队提供的康复服务取得了较好的效果。同时，其他合作单位也给予了公司积极的反馈。公司还与奥运冠军石智勇团队、中国体操队队医进行了技术交流。

五、核心团队

（一）学生团队

（1）罗斯瑜。宁波卫生职业技术学院 2020 级康复治疗技术专业学生，擅长运动损伤康复、骨科疾病术后康复，曾获得 2022 年宁波市高校"优秀大学生"、第二届"A-PKU 校园杯"儿童康复教育职业技能大赛三等奖等荣誉。

（2）俞彬锋。宁波卫生职业技术学院 2020 级康复治疗技术专业学生，曾担任过运营总监，主要负责团队内的业务开展以及项目定位、媒介关系的搭建和媒体维护沟通。

（3）马丹。宁波卫生职业技术学院 2021 级康复治疗技术专业学生，主要负责标准化康复体系设计及运动损伤康复，擅长挪威进口 SET 悬吊技术，曾多次参与各类义诊活动并广受好评。

（4）王逸涵。宁波卫生职业技术学院 2021 级康复治疗技术专业学生，于温州医科大学附属第三人民医院进修，擅长手外伤、手部术后康复、肩关节脱出复位以及肩周炎、肩袖损伤、手部精细功能恢复的治疗。

（5）王硕。宁波卫生职业技术学院 2021 级康复治疗技术专业学生，主要负责项目的网络营销。

（6）孙添阳。宁波卫生职业技术学院 2021 级康复治疗技术专业学生，主要负责标准化康复体系设计及运动损伤中医康复，擅长按摩、推拿、针灸、易罐等中医康复技术。

（二）专家团队

（1）钱晨杰。南京医科大学康复治疗学学士，擅长运动损伤和脊柱侧弯的治疗及骨科疾病术后康复等。

（2）曹青青。南京中医药大学及美国杜肯大学医学硕士、物理治疗硕士，拥有现代康复治疗的诊疗思路，擅长运用手法、工具运动指导等方法治疗各种运动系统及骨折问题。

六、项目成就

护航科技项目荣获浙江省第十三届"挑战杯"建设银行大学生创业计划竞赛金奖。

七、项目现状

目前，护航科技项目的运营方宁波宁垚健康管理有限公司拥有门店 6 家，运营业态包括运动康复中心（运动康复诊所、康复中心）、VIP 健康管理中心、康复学院（培训中心）、康复设备研究院。

八、社会影响

1. 加快体医融合，有效弥补空缺

2007 年，在美国兴起的"运动是良医"理念，在我国获得了推广。但是，由于当时医务工作者对体育锻炼的强度、频率、持续时间等认知不到位，导致不能对患者的康复运动进行有效的指导和帮助。近年来，人们认识到适当的体育锻炼对慢性病的治疗有着极大的促进作用。运动康复行业正是将运动融入患者的康复进程之中，通过运动促进患者疾病的康复。

2. 发展新兴市场，服务所需人群

运动康复的消费升级带来了消费者的健康认知和行为上的变化，这项需要患者主动参与的新兴服务拥有较大的发展空间。从目前的消费行为来看，大众对健康的理解在慢慢发生变化，健康的定义不再是"无疼痛"或"无异常指标"，而是通过健身等方式来维持身体最佳状态。这意味着运动康复所倡导的以主动运动的方式来提高自身健康水平的理念正在被大众所了解。随着时间的推移，运动康复作为医疗手段越来越容易被理解和接受。

3. 带动学生就业，提高就业率

目前，宁波宁垚健康管理有限公司已解决康复专业的学生就业 50 人左右，同时与宁波卫生职业技术学院合作成立订单班，增强毕业生的就业选择。

4. 开展基层义诊，志愿服务社会

在宁波海曙、鄞州、镇海等地开展义诊志愿服务 150 余场，服务人次 1200 余人。

2. 北茜康复项目——科技引领社区康养新时代

一、项目概况

宁波北茜科技有限公司孵化于宁波卫生职业技术学院，技术转化自宁波市重大科技攻关项目，该团队是当代青年学子自主公益创业的典范。团队心系国计民生，致力于以技术解决社区老年人运动康复诊疗服务缺失的问题。团队从社区老年人康复诊疗的实际需求出发，响应"2030 健康中国"战略，助力国家三级康复体系建设。北茜康复项目实施三年以来，累计在 30 余个社区进行了设备漂移康复试用，为 100 余位贫困的中风早期患者提供了免费的临床康复试用，并借助国家医疗保险体系为 20 余位患者提供了中长期的社区康复服务。

二、项目背景

1. 医疗改革大势所趋，亟待破局之道

中共中央、国务院发布的《"健康中国 2030"规划纲要》中指出：使全体人民享有所需要的、有质量的、可负担的预防、治疗、康复、健康促进等健康服务。

2. 社区老年人运动康复痛点带来空前市场机遇

目前我国患有慢性病的老年人超过 1.8 亿，失能、部分失能老人约 4000万，但人均康复费用仅为美国的 3%。目前，我国医疗康复市场每年保持 30%以上的高速增长。

三、核心技术

1. 科技支持

北茜康复项目转化自宁波市重大科技攻关项目，拥有 12 项核心技术专利。

2. 运动康复被纳入省级行业标准

北茜康复项目拥有特有的运动康复体系，包括功能障碍评估技术、松解技术、器械运动、功能训练技术、健康宣教。

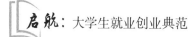

3. 开发人机对话的初步康复评估系统

宁波北奠科技有限公司未来产品研发定位于人机对话的康复评估服务，针对社区居民的各种慢性病，特别是肌骨疾病研发初步评估系统，推进人机对话康复医疗产品的标准化建立。

4. 康复云平台："互联网+"人机对话康复服务模式

该平台采用患者、医院及康复治疗师"三位一体"的服务模式。

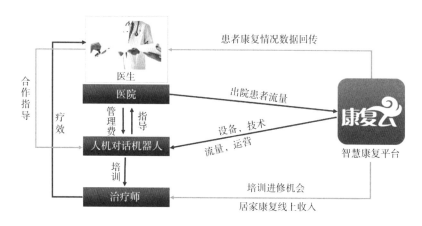

图6-1 患者、医院及康复治疗师"三位一体"的服务模式

5. 构建"未来社区"康养运动中心 CSR 矩阵

从产业、服务、支撑三方面出发，进行由技术研究、标准建立、行业推动和社会效益四方面构建的 CSR 体系。

图6-2 "未来社区"康养运动中心 CSR 矩阵

四、项目主力产品

1. 多产品融合，多形式服务

针对社区老年人的运动、健身、娱乐等需求，北蓂康复项目致力于打造社区老年人康养运动中心，配套智慧社区建设一体化解决方案，完善线上线下康复产品，为老年人提供多样化的运动康复服务，让老人拥有健康愉悦的晚年生活。

2. 线上+线下多样化产品服务

线上康复评估服务：线上问诊服务+线上运动功能评估服务+线上姿势评估。

线上运动康复服务：线上运动康复服务指导+运动康复监督+健康宣教。

线下运动康复服务：社区康复服务站手法治疗+器械运动康复。

五、核心团队

（一）学生团队

（1）钱晨杰。宁波卫生职业技术学院2017级康复治疗技术专业学生，浙江省康复医学会康复治疗专业委员会委员、宁波市运动康复专委会委员，曾获2022年浙江省十大创业典型人物、2019年骆驼街道十大最美青年志愿者、2019年宁波"志愿者之星"等荣誉称号。

（2）宫文静。宁波卫生职业技术学院2020级康复治疗技术专业学生，曾获"建行杯"第七届中国国际"互联网+"大学生创新创业大赛银奖。

（3）罗斯瑜。宁波卫生职业技术学院2020级康复治疗技术专业学生，曾获2022年宁波市"高校优秀大学生"、第二届"A-PKU校园杯"儿童康复教育职业技能大赛三等奖等荣誉。

（4）马丹。宁波卫生职业技术学院2021级康复治疗技术专业学生。

（5）李天碧。宁波卫生职业技术学院2020级康复治疗技术专业学生。

（二）专家团队

（1）杨发明。副教授，物理治疗与康复医学临床专家，香港理工大学物理治疗硕士，美国杜肯大学访问学者，现任全国物理治疗专业委员会委员、中国康复医学会智能康复专业委员会委员。

（2）贾庆伟。新加坡国立大学博士，清华大学自动化系学士，清华大学深圳研究院珠海创新中心机器人研究所副所长。

（3）余俊武。宁波市璞元康复科技发展有限公司董事长，现任中国康复医学会康复工程与产业促进专委会委员、中国康复医学会医学教育专委会委员。

六、项目成就

（1）宁波市重大科技攻关项目。

（2）"建行杯"第八届浙江省国际"互联网+"大学生创新创业大赛铜奖。

七、项目现状

（1）政府合作。项目针对贵州省普安县因残病致贫比例近七成的现状，结合地方财政规划，与普安县人民政府达成共同筹建县级康复援助中心支队的合作协议，形成标准化康复中心模式示范，以期在全国范围内进行县乡层级的推广。

（2）医院试点。以白沙乡卫生院为示范，各大医院测试应用。团队从白沙乡卫生院起步，并在高棉乡、罗汉镇等多家医院跟踪治疗患者累计超百位，为百余位贫困患者提供了免费的临床试用，并借助国家医疗保险体系为20余位住院患者提供了长期的医疗康复服务，为当地脱贫攻坚提供了医疗技术支持。

（3）社区实践。康养运动中心正处于如火如荼的建设中。

八、社会影响

该项目被《光明日报》、石榴网、天山网等媒体报道，跟踪治疗公益援助患者超百例，得到医生、患者的一致好评。

3. 康复美形服务项目——健康养护行业的标杆

一、公司简介

宁波市鄞州乾阳文化有限公司创立于 2021 年，以宁波卫生职业技术学院为起点进行线下店铺铺设。这里有一群来自宁波卫生职业技术学院康复治疗技术专业的学生，具备扎实的康复治疗基本理论、基本知识和基本技能，具有较强的医学健康专业核心职业能力及良好的职业道德，带着对健康事业强烈的热爱，积极投身康养事业的潮流中，希望将健康知识传递给更多的人。

二、项目概述

在基本符合高校教师消费能力并且满足他们对身体健康保养以及疲劳修复的基础需求下，针对校外康养机构出现的消费高、价格不透明、服务不规范、诱导消费（压力消费）的现象，以"健康、年轻、平价、高效"的理念，采用"互联网+"的模式，线上推广、咨询、接单，线下店内为顾客提供服务，解决教师对康养机构不了解以及对价格和服务质量不信任的问题。康复美型服务项目采用"校区包围地区"的市场战略，先攻占区域高校市场，逐渐占领整个高校市场。该项目以专业的技术，标准化的服务流程，透明、平价、便捷的"量贩式"经营模式，在竞争中具有独特的服务创新优势，填补了市场空缺，实现了校园生活健康养护连锁式经营，把量贩式康复美型服务打造成校园生活健康养护行业的标杆。

三、项目背景

（1）康复行业市场潜力巨大，康复产业的投资将朝着打造康复大生态方向发展。其投资重点将是平台型企业，不仅为 C 端患者提供一站式、全周期的康复医疗服务，还要赋能 B 端企业，聚合技术、资本、人才、管理要素，服务于康复产业链上的医疗、医药、医保企业，为它们的发展打造"第二增长引擎"。

（2）中国康复医疗发展不均衡的情况愈发明显。据国家卫生健康委员会于 2020 年 11 月发布的《卫生统计年鉴 2020》统计，2012～2019 年，我国医院康复医学科床位数逐年增长。

目前，我国康复床位存在地区分布不均的现象。不合理的床位分布结构导致了康复床位资源不能满足人民群众的需求。

数据显示，在经济发展水平较高的地区，医院的康复床位较多，而经济水平中等和落后地区的床位较少，即不同经济发展水平的地区之间康复床位资源配置不均衡。

（3）保健行业从业人员素质不高。从业者的素质主要包括文化素质和专业技能两方面，保健行业从业人员素质的高低直接关系到康复行业能否正常稳定的发展。国内康复行业从业者素质参差不齐，据康复协会提供的统计数据显示，目前全国康复行业从业者中，中专学历占比为 10%～20%，大专学历占 50%，大专学历以上者不到 40%。目前，中国康复市场发展存在巨大增长潜力。

（4）服务价格不透明，市场乱象丛生。推拿按摩产品的价格是直接面向消费者的，由于价格不透明，加上消费者缺乏对产品的理性认知，导致推拿按摩产品漫天要价行为频发。

康复美型服务项目的流程规范：线上客服针对顾客咨询，提出相应解决方案并建议顾客到店体验；线下前台了解顾客情况，引导其使用专业体态分析仪，分析健康问题并制订相应服务方案；服务中治疗师严格遵守康复计划进行操作；服务后引导顾客结账并且根据情况完善服务方案，设立会员建档制，以便清楚了解顾客的健康状况；康复治疗师线上定时回访，了解顾客的健康状态，并进行下次预约。

四、服务内容

1. 中医推拿手法

推拿手法主要分为六大类，根据不同客户的身体健康状况选择不同的手法。推拿前将有针对性地进行一次具体的评估，并制订详细的康复治疗计划，最后通过按摩手法进行调理。

2. 物理因子治疗

物理因子治疗常用低周波、超声波等调节内分泌，增加机体免疫力，消炎止痛，疏通经络，改善体内微循环。

3. 美形项目

核心力量训练——普拉提；"久坐党"必备——伸展操；身心结合释放压力——瑜伽；辅助项目——姿势矫正贴扎。

五、项目现状

该项目于宁波卫生职业技术学院综合楼落地，精准定位，服务校园，稳定运营，成为校园不可或缺的学生创业刚需项目。

六、发展战略

该项目前期目标是在三年内逐步搭建并完善产品的销售渠道和销售模式，在宁波市将项目做大，吸引更多消费者，并吸引其他健康产业加盟。同时，积极与康复医学会、中医药学会、高校市场交流中心合作进行宣传，提高社会知名度。

4. 水手食舱项目——十万远洋船员健康的守护者

一、项目概况

该项目以远洋船员为服务对象，针对他们因停泊难、补给少以及船上新鲜叶菜难以保存，从而导致身体对必需营养元素摄入不足而引起的一系列身体健康问题，开展的以补充膳食营养元素为主的针对性服务。该项目主要以膳食营养冲剂和船用智能种菜设备的开发为主要服务。

二、项目背景

远洋航行的船上的新鲜叶菜大多依靠远洋补给运输船，而远洋补给运输船从国内出发到远洋船舶捕捞区域需要一个半月左右，与远洋船舶的对接频率在3个月以上。因此，任何新鲜叶菜都无法在如此长的周期内存放，而船员在船上种菜又受到空间、环境等多种因素的限制，收成很难稳定。

新鲜叶菜的缺失使船员的营养元素摄入水平下降，对船员身心健康影响较大，由此产生了各种职业疾病。

三、核心技术

（1）主要产品：膳食营养冲剂、船用智能种菜设备。

（2）主要技术：智能温控技术、植物工厂技术、营养食品开发。

（3）主要服务：船用智能种菜设备的使用培训及相关辅料配给、船员膳食营养食品供应。

（4）产品介绍。

船用金玉兰菜智能培育设备。该设备选用高产蔬菜金玉兰菜作为培育品种，放在一台适合其生长的气候箱内培育。其具备一键智能操作功能，产出稳定高效，操作简单方便。设备占地 0.5 平方米，月产金玉兰菜 30 斤左右，是一般速生叶菜产量的 10 至 20 倍，实现了远洋渔船上持续稳定高产种菜从无到有的突破。

微型船用植物工厂种菜设备。目前所研发的植物工厂种菜设备主要包括多层宽型、多层窄型、餐桌式、蔓藤类、吊高式五款不同类型的设备，优势是占地面积小，可灵活放置。其可种植常见的矮叶类生菜、青菜、小白菜、空心菜、韭菜以及蔓藤类木耳菜、小黄瓜等。

营养膳食冲剂。营养膳食冲剂是根据远洋船员的饮食习惯，以及人体对各种营养素的需求，专门制定的一款富含各种维生素以及其他微量元素的产品，以膳食的形式加入船员的饮食中，确保该群体的营养摄入。

四、应用案例

（一）核心技术一：船用金玉兰菜智能培育设备

服务对象："宁泰冷 6"远洋船。

服务时间：自 2019 年 7 月至今。

服务效果：为在太平洋作业的渔民提供了吃新鲜叶菜的机会，帮助他们改善膳食营养结构。

（二）核心技术二：微型船用植物工厂种菜设备

服务对象：为综合保障船浙"普远 98"及 10 艘远洋渔船提供服务。

（三）核心技术三：营养膳食冲剂

目前，营养膳食冲剂已生产多款试用装，并通过社会调研、实地采访远洋渔民，了解其接受度。

五、核心团队

（一）学生团队

（1）罗铖涛。宁波卫生职业技术学院 2021 级医学营养专业学生，宁波市营养学会会员、浙江省"新苗计划"项目负责人。曾获创新创业奖学金、2021 年中国老年和老年医学会举办的第四届老年营养餐配餐大赛二等奖、浙江省第十届大学生经典诵读比赛二等奖。

（2）周可楠。宁波卫生职业技术学院 2020 级医学营养专业学生，曾参与浙江大学公共卫生学院"营养健康农贸市场"项目，获第四届老年营养配餐大赛二等奖、2021 宁波市临床营养技能比赛膳食营养组三等奖、医学营养第九届学生技能节配餐大赛三等奖、医学营养第九届学生技能节营养视频拍摄大赛团队一等奖。

（3）孙添阳。宁波卫生职业技术学院2021级康复治疗技术专业学生。

（4）肖琪。宁波卫生职业技术学院2021级医学营养专业学生。

（5）金璨。宁波卫生职业技术学院2021级医学营养专业学生。

（二）顾问团队

（1）江玲丽。预防医学博士，浙江省营养学会常务理事、宁波市营养学会副理事长。曾获第三届"千日营养杯"妇幼人群膳食及月子餐设计营养大赛月子餐膳食一等奖、第二届中国妇幼膳食及月子餐设计营养大赛孕期膳食一等奖等。

（2）张志刚。中级经济师，渔业经济硕士研究生，多次参与和主持远洋类渔船种菜设备研究项目，主要研究方向为远洋船舶新鲜叶菜供应模式、船用蔬菜种植设备研发，对远洋船舶新鲜叶菜种植及推广有丰富经验。曾获2021年接力浙商年度创业青云榜优秀奖、浙江省农业农村厅科技进步二等奖。

（3）杨飞。舟山市农业科学研究院高级农艺师，舟山市农业专家库成员，在蔬菜品种方面有丰富经验，主要研究方向为远洋船舶蔬菜品种，多次主持远洋船舶种植新鲜叶菜装备研究项目。

（4）谢应孝。浙江海洋大学海洋工程装备学院实验师，曾获全国商业科技进步奖、大型海洋结构物振动监测关键技术研究及应用三等奖，拥有授权专利20余项。

（5）臧迎亮。浙江海洋大学教师，渔业资源专业硕士，多次参与远洋渔业项目。在远洋船舶上进行过长时间调研，熟悉远洋环境，对远洋船员的船上生活有深刻的了解。

（6）杨会成。水产品加工及贮藏专业博士，浙江省海洋开发研究院高级工程师，对远洋捕捞船及运输船储藏现状有深刻认知。获2016年度国家科技进步奖二等奖1项。入选浙江省151第二层次人才，获舟山市专业技术拔尖人才、舟山市新世纪学术技术带头人、舟山市科技追梦人等荣誉。

六、项目成就

（1）浙江省公益科技计划项目。

（2）浙江省农业农村厅技术进步二等奖。

（3）中国农村农业创业大赛浙江省初创组二等奖。

（4）"创青春"中国青年创新创业大赛国赛优胜奖。

七、项目现状

2019 年，船用金玉兰菜智能培育设备进行海上船舶试验；2020 年，水手食舱项目被列为浙江省公益科技计划项目，并开发出微型船用智能种菜设备；2021 年，开发出多款微型船用智能种菜设备；2022 年建立营养专业学生团队，专门研发船员膳食营养冲剂。

2019 年，金玉兰菜智能培育设备经远洋船舶海上试验取得初步成果，团队拥有实用新型专利两项，另一项实用新型专利正在申请中。多款微型船用智能种菜设备研制成功，具备进行行业试点推广的基础。

八、社会影响

该项目实施以来，深受远洋船员以及行业协会的认可，所到之处反响热烈，推广设备供不应求，引起当地政府、市民及媒体的关注，得到中国人民广播电台、新浪网、央广网、浙江在线、新浪网、《中国青年报》等 30 余家媒体报道。

5. 数"智"青年　健康"管"家

一、项目概况

面对老龄化加速的挑战，传统养老方式面临着医疗照护需求攀升、城市养老服务结构失衡等问题。随着人们对生活质量要求的提高，家政服务业迎来新的发展，智慧数字家政应运而生。

智慧数字家政全面融合了互联网和物联网、大数据、云计算、人工智能、金融科技、区块链等新技术。借助科技赋能，在传统家政服务业的基础上成长起来。智慧数字家政是建立在数字化基础上，以现代信息技术全面运用为基础的新型家庭服务模式。因为其模式打通了信息壁垒，有较强的目标导向性，服务目标灵活且精确，能够做到家政服务需求者与供给者的精准配对。例如，具有医疗背景的家政人员可以借助智能工具来检测老人的身体状况。年轻人从事家政服务行业，需要持续开展专业化建设，这不仅是就业观念的转变，还是服务提档升级的需要。

二、项目背景

当前，全社会的老龄化趋势已不可逆转，中国成为老龄化速度最快的国家之一。直面老龄化，了解人口结构的变化如何影响社会生活，事关每个人的生活。

家政服务业在提高人民生活品质、扩大就业等方面起到重要作用。近年来，我国家政服务业快速发展，但也面临家政服务供给不充分、行业乱象丛生等问题，制约着家政服务业的高质量发展。

加快发展家政服务业，有效满足老年人多样化、多层次养老服务需求，已成当务之急。加快推进家政服务业提质扩容和规范化发展，更好地满足人民群众对美好生活的需求，是家政服务从业人员应考虑的问题。

《"健康中国2030"规划纲要》指出，以普及健康生活、优化健康服务、完善健康保障、建设健康环境、发展健康产业为重点，加快转变健康领域的发展方式，全方位、全周期维护和保障人民健康，大幅提高健康水平。因此，该项目的实施具有重大社会意义。

三、研究内容

服务、成本及效率是家政行业竞争的核心因素，不断提升用户体验，是家政平台成功的关键。

服务：家政服务质量及用户体验对家政平台的发展起着核心作用，用户体验至关重要。

成本：减少中间环节，控制环节成本，缩短签约决策流程。合理控制成本是互联网家政平台获利的关键。

效率：高效精准的营销及广告投放、精细化线上获客方式及标准化劳动者培训等因素，能够有效提升运营效率。

四、创新特色

随着社会的发展，心理辅导及医疗护理开始进入家政服务范围。对于互联网家政服务来说，只有通过数字化手段减少交易障碍，提高运营效率，加大专业人才培养力度，持续提升用户体验，才能不断提升竞争力及盈利能力。此外，培养人才及留住人才也至关重要，保障劳动者的合法权益，能够有效减少侵害劳动者合法权益的行为，共同推进家政服务行业向法治化、专业化、数字化及可持续方向发展。

同时，家政行业借助数字化转型，快速推进用数字技术赋能获客、运营及人才队伍的建设。

获客线上化、需求线上化：家政行业数字化转型正在快速推进，用户需求线上化趋势不可逆转，家政服务企业需要借助互联网家政平台、本地生活平台等线上渠道获客，实现数字化转型。

创新人才培养：借助数字化手段，实现人才选用、人才培育、人才管理的智能化、可持续化。

数字化运营：借助数字平台，进行大数据分析、智能客服需求预测、居家问题智能诊断等工作。

6. 烟轻小站——公交司机的控烟小助手

一、项目概况

烟轻小站是专门为公交司机人群提供"控烟减重"健康管理服务而设立的公益服务站点，隶属于"路路康"工作室（成立于 2017 年，宁波市范围内首家专业服务于公交司机群体的健康管理服务工作室）。

该项目采用多措并举的方式，全程、全方位精准开展"多对一"线上线下健康管理服务，进行控烟指导、运动指导、健康评估与干预等个性化健康管理服务活动。

二、项目背景

经常抽烟会引发冠心病、心绞痛、心肌梗死、脑血管硬化等心脑血管疾病，还会导致慢性支气管炎、肺气肿、消化道炎症以及消化道溃疡等。在驾驶公交车过程中突发急性病症十分危险。

公交司机的烟瘾管理以及健康管理是项目团队关注的重点。根据数据显示，宁波市鄞州区共有公交车司机 1200 余人，烟草成瘾的公交司机占 50% 以上。对这部分公交司机提供控烟减重服务，刻不容缓。

三、项目内容

烟轻小站与各公交总站合作，在其休息室设立线下公益服务站点，重点针对公交司机群体开展控烟减重服务。同时，烟轻小站借用希禾健康管理系统，收集个人信息，主要包括公交司机的基本信息、日吸烟根数、行为生活方式、健康体检数据、心理问卷等量表等。

项目团队通过健康体检来评估公交司机的健康状况，结合公交司机的实际情况，制订个性化控烟减重运动指导方案。服务期间，项目团队会为每位被服务的公交司机发放"小健"健康手环，通过手环对他们的健康状况进行监测。数据将同步至希禾健康管理平台，实时分析司机的控烟减重效果，便于制订下一步健康管理方案。

四、项目价值

1. 社会效益

公交司机是城市交通运输中不可缺少的一部分，他们的健康更是关系千家万户的幸福，所以有效管理公交司机的身心健康是整个社会公共交通和谐和安全的保障。为顺应宁波区域健康规划发展的需要，烟轻小站专门为公交司机人群提供控烟减重服务，注重疾病预防与健康维护，保障公交出行的安全，从而提高基层人民的健康水平。目前，烟轻小站已对宁波市多数公交司机进行了健康宣教，控烟减重。

2. 经济效益

烟轻小站项目能够确保公交司机和人民群众的出行安全，深入防范重大安全风险，提高司机和乘客对健康的认知。这一举措可带动公共交通产业的发展，为健康体检、健康管理服务等相关产业带来更多的消费需求。

五、发展规划

烟轻小站是专门为公交司机人群提供健康管理的健康服务团队，隶属于"路路康"工作室。"路路康"工作室在以下两方面为烟轻小站打下了坚实的基础。

一方面，为有效管理公交司机的健康状况提供了信息化管理平台，为开展移动式健康管理服务提供了便利；另一方面，为构建良好的公交司机健康服务体系提供了模板，有利于公交司机健康管理服务需求具体化、精确化和实证化，服务供给数量化、具体化和明确化。

项目团队制定了五年计划，力争在五年内将公交司机健康管理方案推广到各类专业司机，并进行专业化健康管理服务，从而改善司机烟草成瘾的状况以及心理问题，促进城市交通和谐发展。

该项目通过对公交司机的健康评估、健康干预、健康指导，来改善公交司机的整体健康水平，从公交司机的健康角度出发，带给全车、全市、全社会一份安全和幸福。

六、学生团队核心成员

（1）王偲诗。宁波卫生职业技术学院 2020 级健康管理专业学生，已获健康管理专业"1+X"医养个案管理专业证书和中级育婴员证书。曾获浙江省家政服务业产融合创新创业大赛二等奖、浙江省第十三届"挑战杯"建设银行大学生创业竞赛计划铜奖、"虹软杯"第十五届中国大学生计算机设计大赛浙江省赛三等奖、健康管理第十届学生技能节大赛一等奖。

（2）李琳瑛。宁波卫生职业技术学院 2020 级健康管理专业学生，已获健康管理专业"1+X"医养个案管理专业证书、养老护理员和中级育婴员证书。曾获第十五届中国大学生计算机设计大赛浙江省级赛三等奖、健康管理第十届学生技能节大赛一等奖。

（3）钱贝贝。宁波卫生职业技术学院 2020 级健康管理专业学生，已获健康管理专业"1+X"医养个案管理专业证书和中级育婴员证书。曾获 2021～2022 学年度浙江省政府奖学金、健康管理第十届学生技能节大赛一等奖。

（4）张静静。宁波卫生职业技术学院 2020 级健康管理专业学生。

（5）王陈超。宁波卫生职业技术学院 2020 级健康管理专业学生。

（6）张家乐。宁波卫生职业技术学院 2021 级健康管理专业学生。

七、项目成就

（1）2020 年 8 月，获得由浙江省创新创业大赛委员会颁发的浙江省第十二届"挑战杯·宁波江北"大学生创业计划竞赛三等奖。

（2）2019 年 10 月，在由共青团浙江省委、浙江省教育厅、浙江省科学技术协会、浙江省人力资源和社会保障厅举办的浙江省第七届职业院校"挑战杯"大赛中获得一等奖。

（3）2020 年 8 月，在由鄞州区文明办、鄞州区民政局、共青团鄞州区委员会举办的鄞州区新时代文明实践服务项目大赛中获得铜奖。

（4）项目团队撰写的报告成果——"公交车司机健康状况及健康管理需求调查分析"发表在 2021 年 10 月的《中国初级卫生保健》上。

7. 基于深度学习的老年脑卒中健康管理平台

一、项目背景

未来十年，我国将新增加 1.25 亿老年人口，老龄化趋势仍在不断加剧。我国老年人脑卒中患病率达 4.35%，患病率仍持续上升，且控制率低。

我国老年脑卒中及其并发症患者平均寿命减少了 25 岁，发病率随着年龄的增加而上升，≥75 岁年龄组发病率呈现上升趋势，老年脑卒中及其并发症患者每年平均治疗花费 53542 元，脑卒中是我国健康养老事业发展的一大阻碍。

二、项目意义

传统的老年脑卒中健康管理平台的痛点是非深度学习，从而导致客户体验感差，许多潜在客户也失去消费欲望。该项目提出了基于大数据、云计算和机器学习的"深度学习化"解决方案，通过客户自身数据去匹配每个老人的实际需求。基于缺少深度学习的老年脑卒中大数据运算模型及健康管理平台作这一问题，该项目应运而生。

三、产品介绍

1.0 阶段：该项目的 1.0 阶段建立于 2020 年，定位为老年脑卒中预防方案提供商。其主要业务是为政府、医院、公办养老机构提供老年脑卒中预防方案。经过常年的社群运营和获得的海量数据，该项目逐渐形成区域性老年脑卒中预防方案数据库，从而进入 2.0 阶段。

2.0 阶段：该项目的 2.0 阶段开始于 2023 年，定位为老年脑卒中预防方案大数据云平台和方案提供商。其主要业务是提高健康养老监测公司的数据应用能力，提升健康养老服务公司在养老社群里的产品效率，并为其提供老年脑卒中预防解决方案。未来，2.0 阶段服务将推广宁波市全域，经过该项目云平台的机器学习和深度学习，逐渐构建起区域性老年预防方案运算模型，从而进入3.0 阶段。

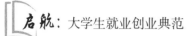

3.0阶段：该项目的3.0阶段将开始于2025年，定位为老年脑卒中预防方案提供商和实施商。其主要业务为开发和实施属于自己的老年脑卒中预防完整方案，形成商业闭环。

四、核心团队

（一）学生团队

吕越儿，宁波卫生职业技术学院2020级老年保健与管理专业学生，高级健康管理师，具有阿里巴巴"智联网养老"项目实习经历，多次在省大学生创业大赛中获奖。

（二）专家团队

该项目依托宁波市医学会健康管理学分会，与宁波市各三甲医院共同组老年健康管理医疗团队，建立了以宁波大学计算机科学与技术专业教授为主的大数据云平台技术团队。

五、项目价值

该项目在宁波市政府官方授权的宁波老年脑卒中预防数据库的基础上创建了老年脑卒中预防大数据分析云平台。项目团队自主研发了宁波地区老年脑卒中健康管理服务标准化流程，该流程得到了宁波市医学会的认可。该项目数据分析的核心算法就基于该标准化流程。与传统老年脑卒中预防模式相比，该项目方案大幅提高了工作效率并减少了医疗开支。

六、项目影响

1. 政府认可

该项目自试运营至今已与48家企业签订了意向订单，是宁波市政府唯一指定老年脑卒中预防购买项目，帮助宁波市政府构建了智能化老年脑卒中预防方案数据库，推动了宁波医联体建设。该项目的智慧健康养老模式得到了社会各界的认可，在浙江省14家智慧养老机构、34家智慧居家养老服务中心进行推广。

2. 社会认可

该项目出版了教材5本，累计销售量超1万册；上线网络课程28门，收看总次数超 20 万，也因此得到了国家、省、市各级媒体的报道。该项目获宁波市"创客中国"50 强，并通过比赛获意向投资 54.1 万元。同时，该项目带动高职养老专业学生就业 108 人，支持高职养老专业学生创业 11 人。

8. 惠明茶的春天

一、项目概况

该项目是主打惠明茶文化价值的文创茶品牌,以文创为惠明茶赋能,提高其销量和价格。该项目的文创设计获第十三届中国(杭州)国际文化产业博览交易会"中国美术文化创意奖"铜奖。该项目打造的"文创茶助力共同富裕与乡村振兴"模式已在全省23家产茶村进行推广,被十余家媒体报道,并得到了社会各界的认可。

二、项目背景

浙江丽水景宁畲族自治县的特产惠明茶名声在外,近年来销量却持续下降。客户对惠明茶文化价值满意度较低,占客户群体50%以上的老年群体对其文化价值满意度更低。

文化创新的缺乏,与现代消费潮流脱轨,成了惠明茶市场的痛点。同时,惠明茶还存在文创设计与消费人群偏好不符的情况。

三、核心技术

(1)主要产品:惠明茶文创茶品牌唐明中国风系列、畲族民族风系列。

(2)针对人群:老年客户(明星产品),中年客户,青年客户。

(3)问题焦点:文创设计与茶叶本身文化价值不符;文创设计与消费人群偏好不符。

(4)主要服务:体现惠明茶本身的文化价值,针对不同年龄段消费者设计有针对性的产品,以老年客户为主。

(5)技术创新点。

唐明中国风系列:惠明茶的历史可追溯到唐朝和明朝,其以惠明和尚的僧名命名。于是,该项目成员沿着当年惠明和尚的人生轨迹寻找灵感,走访了7个省份的10余家茶叶博物馆调研学习,发挥项目团队中舞台艺术与制作专业学生的特长，设计出该系列产品，体现了惠明茶本身的历史底蕴。

畲族民族风系列：畲族服饰是中国非物质文化遗产。于是，该项目成员在景宁畲族县对当地服饰进行采风学习，接受国家级非物质文化遗产畲族服饰代表性传承人兰曲钗老师的指导，发挥项目团队中服装设计与工艺专业学生的特长，设计了该系列产品。在专业设计方面，产品还得到了中国美术学院沈浩、周刚、余伟中、王昀和浙江省创意设计协会专家的指导，体了惠明茶本身的民族性。

四、核心团队

（1）该项目由来自三个专业的成员组成：舞台艺术与制作专业学生，服装设计与工艺专业学生，老年保健与管理专业学生。

（2）舞台艺术与制作专业学生：负责唐明中国风系列设计。这些学生曾协助导师完成唐代背景的舞台剧《武则天》及明代背景的舞台剧《大明瑶妃》的场景设计布置。

（3）服装设计与工业专业学生：负责畲族民族风系列设计。这些学生曾跟随导师在景宁畲族县当地对畲族服饰进行采风学习。

（4）老年保健与管理专业学生：负责明星产品的设计。他们通过对老年文化、老年产品设计等课程的学习，以及日常实践中与老年人的沟通交流，将老年人的文化需求融入设计。

五、项目现状

我国文创茶及相关产品市场规模及人均消费额逐年上涨，行业发展空间广阔。文创茶及相关产品营业收入、营业利润及增长率也在稳步上升。

近五年来，我国文创茶产品人均消费额呈逐年增长态势，市场增值前景喜人，整体市场空间广阔。而在该市场中，以茶叶本身文化价值而衍生的文创茶产品（即该项目定位）仍然存在大量空白区域，因此该项目的市场前景十分可观。

六、项目成就

针对老年客户的"好运"系列产品，荣获第八届中国老年福祉产品创意创新创业大赛银奖。

七、取得成就

该项目打造的"文创茶助力共同富裕与乡村振兴"模式已在全省 23 家产茶村进行推广，被十余家媒体报道，并得到了社会各界的认可。

八、社会影响

该项目试营业 1 年，与 33 家景宁茶商签订了战略合作协议，占茶品销售额的 5%~15%。目前，该项目意向收入已超 60 万元，获意向投资 125.3 万元，更带动景宁畲族县茶农就业 258 人，帮助 56 户茶农迈向小康，助力了景宁县惠明寺村、标溪村、王湾村三个村的乡村振兴。同时，该项目紧跟山海协作工程，将"文创茶助力共同富裕和乡村振兴"模式推广到了云南、贵州等地的 39 个贫困村庄。

该项目实施以来，惠明茶文创市场呈现繁荣的景象，得到了乡村振兴政策的支持和景宁茶农的认可。

9. 夕阳余晖

一、项目概况

该项目以有认知风险和认知功能下降的中老年人为主要服务对象，针对可能存在的认知能力减退或痴呆风险，通过三级预防措施，开展风险管理，通过精准脑健康服务，降低发病率。

二、项目背景

我国是阿尔茨海默病患病人数最多的国家，65 岁以上阿尔茨海默病患病率大约为 5.6%。阿尔茨海默病对患者、家庭和社会均造成巨大负担，是引起老年人死亡的主要原因之一。因此，预防阿尔茨海默病应该是公共卫生的优先干预事项，但目前我国尚未建立行之有效的预防策略以及相应的实践运行模式。

人类预期寿命的延长使得阿尔茨海默病的患病率逐渐增加，更需要采取有效的措施来降低阿尔茨海默病的发病风险。随着人们对健康的追求越来越高，许多认知功能正常的个体到门诊就诊，评估阿尔茨海默病风险，寻求预防阿尔茨海默病或提高认知功能的方法。与确诊患者相比，这类人群关注的问题、需求和期待都不相同，但目前他们无法获得具有实际意义的可行性建议，门诊也没有合适的流程和方案服务于这些群体。

该项目融合云计算、大数据、人工智能、前沿脑科学等技术，凭借多领域评估、筛查与干预、个性化训练计划制订、实时训练进度监控等服务手段，不断强化受训者脑部各区功能，增强认知记忆思维能力。该项目填补了国内中老年人群精准预防痴呆的需求与服务供给之间的空白，以公益服务形式为中老年提供脑健康服务。该项目创建了国内最先进的交互式认知训练项目，为受训者提供形式多样的专项脑力训练，包括记忆力、注意力、执行能力、视空间能力四大训练模块。同时，帮助用户建立健康养脑的生活习惯，在认知能力指导、医学专家会诊、运动饮食指导等方面提供全方位、专业化的康养支持。

该项目和微医合作创建了阿尔茨海默病预防大数据分析云平台，其核心算法就基于该健康危险因素评价流程。通过分析，为用户提供私人订制的可视化预防方案，并依托 AR 交互技术将方案完全情境感知化地展现出来。与传统"互联网+"预防相比，大幅度提高了工作效率并减少了医疗开支。

三、核心技术

（1）主要产品：早发现早诊断方法集。

（2）主要技术：一个风险管理流程，两个风险分析技术，三套认知能力评估量表，六种诊断辨识、十种生活方式评估以及若干干预方案。

（3）竞争焦点：认知风险人群求助难。

（4）主要服务：阿尔茨海默病预防大数据分析云平台。

（5）技术创新点：针对阿尔茨海默病预防的风险管理，其具体流程为阿尔茨海默病风险评估—阿尔茨海默病风险沟通—干预阿尔茨海默病风险和认知改善。

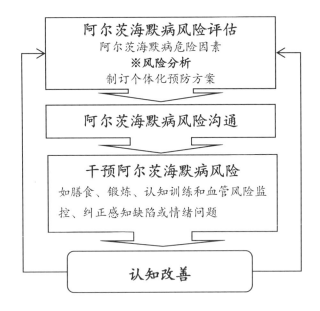

图 6-3　阿尔茨海默病预防风险管理流程

在阿尔茨海默病的风险管理中，先利用危险因素识别和早期诊断方法，对中老年人进行阿尔茨海默病发病和患病的预测与分层，与中老年人进行阿尔茨海默病风险的沟通，然后选择相应的干预方法：对于低危个体进行认知改善干预，中危或高危个体则进行包括疾病修饰治疗在内的认知下降风险干预。针对危险因素采取干预措施，可以最大限度地让老年人远离阿尔茨海默病。针对患者，则转给记忆门诊。

四、应用案例

核心技术：早期认知风险筛查。

服务对象：中老年群体中有认知能力下降风险者。

服务时间：自 2021 年 7 月至今。

服务效果：为中老年人提供认知风险评估，帮助他们提升认知能力，预防阿尔茨海默病的发生。目前已与微医合作，创建了阿尔茨海默病预防大数据分析云平台。

五、核心团队

（一）学生团队

宁波卫生职业技术学院 2021 级老年保健与管理专业学生：黄霖婕、马邵莉、郑钰、陈颖琪、陈颖。

（二）顾问团队

刘保华，医学管理博士，中国医学救援学会卫生应急常务理事，宁波市预防医学会会员。

六、项目成就

荣获宁波卫生职业技术学院第七届"51 创"创新创业二等奖。

七、项目现状

2021 年，开发健康危险因素评价流程。2022 年与微医合作，创建了阿尔茨海默病预防大数据分析云平台。

10. 农村失智老人家庭照护者的照护负担及影响因素

一、项目概况

该项目以失智老年人家庭照护者为服务对象，旨在了解农村失智老人家庭照护者的一般状况、照护者负担程度和社会支持水平，探讨分析农村失智老人照护者照顾负担的影响因素及照顾负担与社会支持的相关性，从而为政府、社区、机构等供给主体对农村失智老人及其照护者提供社会支持服务项目的设定提供参考，减轻照护者的照顾负担。

二、社会背景

截至 2022 年底，中国失智老人数达 1300 多万人，约占世界总数的 25%，而且失智症发病率呈现年轻化和持续上升趋势。据预测，2040 年我国失智老人数将达到约 2200 万，其中农村老人占 80%。然而，农村照护服务资源相对短缺，因此农村失智老人护理问题成了我国人口老龄化中突出的社会问题。

随着病情的恶化，失智老人不能完全自理，同时伴有精神和行为的异常，需长期照顾。而长期照顾不仅使照护者身体疲惫，而且心理健康受损，更增加了照护负担。照护者负担的危害不容小觑，长期缺乏有效应对会积劳成疾。每个人都有可能成为照护者或被照护者，因此关心照护者的身心健康十分必要。

三、应用对策

（1）完善社会保障体系，强化护理服务；加大农村政策支持；完善农村养老保险制度；建设农村集中式失智照护机构；重点推广上门服务。

（2）积极建设家庭照护者线上、线下相结合的心理咨询服务体系。

（3）增加农村政策性经济补贴。

（4）调动专业社工与乡邻资源相结合，增进社会支持。

（5）增强农村基层专业护理知识宣传，提升照护人员素质。

四、核心团队

（一）学生团队

（1）李嘉怡。宁波卫生职业技术学院 2021 级老年保健与管理专业学生，曾获浙江省第十三届"挑战杯"大学生创业计划竞赛铜奖。

（2）李晓瑶。宁波卫生职业技术学院 2021 级老年保健与管理专业学生。

（3）柯欣怡。宁波卫生职业技术学院 2021 级老年保健与管理专业学生，曾获省第十三届"挑战杯"大学生创业计划竞赛铜奖。

（4）陈颖琪。宁波卫生职业技术学院 2021 级老年保健与管理专业学生，曾获省第十三届"挑战杯"大学生创业计划竞赛铜奖。

（5）陈颖。宁波卫生职业技术学院 2021 级老年保健与管理专业学生。

（6）朱颖。宁波卫生职业技术学院 2021 级老年保健与管理专业学生。

（7）杨凯丽。宁波卫生职业技术学院 2021 级护理专业学生。

（二）顾问团队

（1）李来西。副教授，老年保健专业教师。

（2）于立博。副教授，复旦大学博士，老年保健与管理专业主任，获全国卫生行指委教学成果二等奖。

（3）孙宁。教授，北京协和医学院博士，长期照护研究中心主任。

五、项目成就

该项目荣获校第七届"51 创"创新创业大赛三等奖。

六、项目现状

当前，国内对农村失智老人家庭照护者的照护负担研究很少，该项目以期减轻照护者的照护负担，为提高农村失智老人照顾质量提供客观依据。

该项目全面了解了家庭照护者的照护负担现状及其影响因素，并采取针对性干预措施，可有效预防或减轻照护者疲劳，防止其身心健康受到损害，保证对失智老人的照顾质量，提高失智老人的生活质量。

七、发展规划

关注失智老人家庭照护者的照护负担并对其进行有效缓解，是该项目团队一直努力的方向。如何通过缓解照护者身心压力来为失智老人提供安全、舒适、有尊严的晚年生活，是项目团队不懈探索的主题，也是项目团队努力研究的方向。

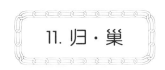

11. 归·巢

一、项目概况

归·巢城市"漂爸漂妈"项目团队致力于为城市"老漂族"这一老年人特殊群体提供志愿服务，为每一位外来老年人营造家的氛围。项目团队以专业的社会工作方法，积极主动对接 6 位老人，通过定期沟通、定期服务的形式让老年人能够在他乡享受到来自晚辈的关怀，以此打开他们对外沟通交流的窗口。

二、社会背景

成为城市流动人口的外来老年人群体，离开熟悉的生活环境到子女所在城市生活，虽实现家庭团聚、享受亲密的家庭关系，但面对新的生活环境，亦出现诸多冲突与不适：家庭理念文化矛盾，生活方式不习惯，社会网络弱化使其在城市中生活举步维艰。

三、应用案例

为宁波市各街道外来老年人群提供服务。

四、核心团队

（一）学生

丁浦金。宁波卫生职业技术学院 2016 级家政服务与管理专业学生。

（二）顾问

唐小茜。副教授，社会学类专业硕士，主要研究特殊人群社会工作。

五、项目成就

该项目获浙江省第十二届"挑战杯"大学生创业计划竞赛三等奖。

六、项目现状

以宁波卫生职业技术学院家政服务与管理专业归·巢城市"漂爸漂妈"项目团队为后盾，帮助外来老年人构建人际交流支持网络，减少其疏离感以及对城市的排斥感，使其尽可能适应城市生活。目前，持续开展的活动深受外来老年人欢迎和喜爱，并为此成立了蒲公英志愿服务团队。

后 记

在本书的撰写工作即将画上圆满句号的时刻，我们的心中充满了感激与感慨。回顾这段充满挑战与收获的历程，我们深刻体会到，每个成果的诞生都离不开众人的支持与帮助。在此，我们谨以最诚挚的心情，向所有在本书创作过程中给予指导、支持与鼓励的师长、同事以及朋友表示最衷心的感谢。

首先，我们要感谢宁波卫生职业技术学院健康服务与康养学院各专业主任的悉心指导，是你们深厚的学术造诣、严谨的治学态度以及对学生成长的深切关怀，为本书的撰写奠定了坚实的基础。

其次，我们要特别感谢那些在材料收集过程中给予我们无私帮助的同事和朋友们，尤其是养老专业群创新创业团队与康复治疗技术专业的老师们，是你们不辞辛劳地为我们提供了丰富的图文资料以及鲜活的案例素材，使得本书的内容更加充实、生动。

再次，我们要感谢案例中的毕业生们以及项目指导教师们，正是你们的真情实感、无私分享，为本书提供了有力的支撑，也让读者能够更加直观地感受到大学生就业创业教育的实际状况与挑战。

最后，我们要说的是，本书的完成并不意味着研究的终结，而是一个新的起点。在未来的日子里，我们将继续关注大学生就业创业教育的最新动态与发展趋势，不断深化自己的研究与实践工作。同时，我们也期待有更多的学者和从业者加入这一领域的研究中，共同推动大学生就业创业教育的深入发展与创新实践。

感谢所有为本书付出努力的人！让我们携手并进，为培养更多具有创新精神和实践能力的高素质卫生健康类技术技能人才贡献自己的力量！